Psicolinguística e Letramento

Elena Godoy
Luiz Antonio Gomes Senna

Psicolinguística e Letramento

Rua Clara Vendramin, 53 . Mossunguê
CEP 81200-170 . Curitiba . PR . Brasil
Fone: (41) 2106-4170
www.intersaberes.com
editora@editorainterseberes.com.br

Conselho editorial
Dr. Ivo José Both (presidente)
Drª. Elena Godoy
Dr. Nelson Luís Dias
Dr. Neri dos Santos
Dr. Ulf Gregor Baranow

Editora-chefe
Lindsay Azambuja

Supervisora editorial
Ariadne Nunes Wenger

Analista editorial
Ariel Martins

Preparação de originais
Schirley Horácio de Gois Hartmann

Capa
Regiane Rosa

Projeto gráfico
Raphael Bernadelli

Diagramação
Fabiana Edições

Ilustrações
Rafael Ivancheche

Iconografia
Danielle Scholtz

1ª edição, 2012.

Foi feito o depósito legal.

Informamos que é de inteira responsabilidade dos autores a emissão de conceitos.

Nenhuma parte desta publicação poderá ser reproduzida por qualquer meio ou forma sem a prévia autorização da Editora InterSaberes.

A violação dos direitos autorais é crime estabelecido na Lei nº 9.610/1998 e punido pelo art. 184 do Código Penal.

Dados Internacionais de Catalogação na Publicação (CIP)
(Câmara Brasileira do Livros, SP, Brasil)

Godoy, Elena
    Psicolinguística e letramento / Elena Godoy, Luiz Antonio Gomes Senna. – Curitiba: InterSaberes, 2012.

    Bibliografia.
    ISBN 978-85-65704-50-2

    1. Aprendizagem 2. Letramento 3. Linguagem – Aquisição 4. Psicolinguística I. Senna, Luiz Antonio Gomes. II. Título.

12-06280   CDD-401.9

Índices para catálogo sistemático:
1. Letramento e psicolinguística 401.9
2. Psicologia da linguagem 401.9

Sumário

Apresentação, VIII

 Psicolinguística, 11

Capítulo 1
Psicolinguística:
definição e
metodologia, 13

Capítulo 2
Fundamentos
biológicos da
linguagem, 25

Capítulo 3
Aquisição da
linguagem, 35

Capítulo 4

Compreensão e produção da linguagem, 69

Capítulo 5

Bilinguismo, 101

Capítulo 6

Patologias da linguagem, 115

dois Psicolinguística aplicada ao letramento, 127

Capítulo 7

Psicolinguística e sistemas gramaticais no campo da psicopedagogia, 129

Capítulo 8

Psicolinguística, letramento e desenvolvimento, 195

Referências – Parte um, 263

Referências – Parte dois, 267

Nota sobre os autores, 275

Apresentação

Este livro é dirigido aos estudantes das áreas relacionadas com a linguagem humana e seu desenvolvimento, aos profissionais dessas áreas e àqueles que, por alguma razão, se interessam pelos assuntos aqui tratados. Em todos os capítulos, os autores procuraram apresentar revisões atualizadas da bibliografia especializada com uma intenção claramente didática.

A primeira parte do livro – intitulada *Psicolinguística* – oferece ao leitor um panorama dessa ciência que integra várias disciplinas que estudam os mecanismos e processos da atividade verbal humana. As diferentes abordagens de análise e descrição se complementam e revelam as diferentes facetas desse complexo fenômeno. Assim, alguns capítulos tratam de assuntos específicos que podem parecer mais periféricos para uma introdução à psicolinguística, mas que são considerados de muita validade nas pesquisas "de ponta". Adotamos como ponto de referência as propriedades essenciais das línguas naturais para apresentar as contribuições de diferentes áreas e modelos da psicolinguística.

No capítulo 1 definimos o objeto desta ciência eclética que é a psicolinguística e descrevemos os principais métodos usados por essa disciplina. As bases biológicas específicas das quais a espécie humana dispõe para a linguagem e a atividade verbal são examinadas resumidamente no capítulo 2. Já o capítulo 3 é dedicado aos processos envolvidos na aquisição da linguagem falada pelas crianças e aos principais modelos teóricos elaborados para explicar esse fenômeno. No capítulo 4 são analisados os complexos processos de compreensão e produção da linguagem nas suas modalidades oral e escrita. O fenômeno de bilinguismo e as controvérsias com ele relacionadas são tratados no capítulo 5. Por último, o capítulo 6 descreve alguns transtornos da linguagem e introduz a análise relativa à conexão entre a psicolinguística e a neuropsicologia da linguagem.

A segunda parte do livro – intitulada *Psicolinguística aplicada ao letramento* – define as questões relacionadas ao estudo do processo de construção e uso de línguas escritas, apresentando, assim, um ramo do conhecimento que tende a especializar-se na área da psicolinguística. Tal campo é discutido no capítulo 7, que se desenvolve em torno da discussão acerca da necessidade de um programa de psicolinguística especificamente orientado para o estudo da construção mental da língua escrita, centralmente motivado pelos aspectos que a diferenciam do processo de aquisição da fala. Em consequência de tais discussões, o capítulo 8 avança na questão relacionada ao conceito de desenvolvimento associado à figura do sujeito que constrói a escrita, abordando, então, as relações teóricas que se estabelecem – e devem ser levadas em consideração na pesquisa em psicolinguística – entre o processo de letramento e o desenvolvimento humano em suas diversas singularidades.

Cabe fazer ainda uma observação importante para o leitor. Este livro é fundamentalmente teórico e baseia-se em numerosos textos de um grande número de autores. Para agilizar a leitura, as referências desses textos não aparecem citadas à maneira tradicional, como se faz academicamente, mas, sim, reunidas em seção à parte, na bibliografia final. Acrescentemos que, em um campo de pesquisas tão disperso como este, qualquer lista de referências bibliográficas pecaria por ser incompleta.

ſtrangeiraſ, oſ problemaſ
legal e a criminologia, a tradução

Psicolinguística

Elena Godoy

Psicolinguística: definição e metodologia

A psicolinguística procura identificar e analisar os processos subjacentes tanto à compreensão como à produção da linguagem. Como disciplina que lida com a linguagem, tem conexões com a linguística, a neuropsicologia e as ciências cognitivas, mantendo, entretanto, uma perspectiva própria, caracterizada pela análise cognitiva desses processos e pela utilização de uma metodologia essencialmente experimental. Neste capítulo, trataremos do percurso histórico dessa

A psicolinguística procura identificar e analisar os processos subjacentes tanto à compreensão como à produção da linguagem. Como disciplina que lida com a linguagem, tem conexões com a linguística, a neuropsicologia e as ciências cognitivas, mantendo, entretanto, uma perspectiva própria, caracterizada pela análise cognitiva desses processos e pela utilização de uma metodologia essencialmente experimental. Neste capítulo, trataremos do percurso histórico dessa

Durante toda a história da humanidade, a mente e a linguagem humanas sempre intrigaram os pensadores. Porém, especialmente nos últimos cinquenta anos, as ciências humanas experimentaram uma verdadeira revolução científica, e esses dois objetos – mente e linguagem – foram o foco especial das pesquisas.

Não sabemos muito sobre a trajetória da evolução biológica da espécie humana que levou à emergência da linguagem. Mas as consequências desse desenvolvimento são muito profundas: a linguagem desempenha o papel central na nossa evolução cultural e tecnológica, ela é intrinsecamente um fenômeno biológico e social ao mesmo tempo. É a linguagem que temos que nos faz seres humanos. Isso não significa que os animais, como lobos e ratazanas, não tenham uma linguagem e uma comunicação sofisticadas. No entanto, como disse uma vez o grande filósofo Bertrand Russell, um cachorro pode latir com muita emoção e eloquência, mas ele nunca poderá nos contar que seus pais eram pobres, mas honestos...

Sobre a importância da linguagem, podemos acrescentar também que ela permeia a nossa vida. Usamos a linguagem para negociar, brigar, namorar, provocar, aconselhar e, ainda, para nos divertirmos ao assistir a uma comédia e para procurar notícias na internet. Usamos a linguagem na igreja, no estádio, no salão de beleza, em casa, na sala de aula; com pessoas bem conhecidas e com outras que não conhecemos tanto, com recém-nascidos e com idosos. Não há muitas coisas que fazemos com tanta frequência e com tanta facilidade como falar e ouvir outras pessoas falarem. Também usamos a linguagem mesmo quando não nos comunicamos estritamente com alguém. Por exemplo, podemos lembrar ou simular mentalmente uma conversa, falar com nós mesmos, ler ou escrever um romance ou estudar um assunto de psicologia – em nenhum desses casos existe uma situação comunicativa com outras pessoas. A linguagem humana permite uma ampliação do conhecimento e uma aprendizagem muito além da experiência direta de cada indivíduo. A existência da linguagem evita que realizemos penosos processos de tentativa e erro que poderiam ser até perigosos. A atividade verbal é natural, corriqueira, comum na nossa vida e não temos consciência explícita de sua execução. O nosso conhecimento da linguagem é tácito.

A psicolinguística procura identificar e analisar os processos subjacentes tanto à compreensão como à produção da linguagem. Como disciplina que lida com a linguagem, tem conexões com a linguística, a neuropsicologia e as ciências cognitivas, mantendo, entretanto, uma perspectiva própria, caracterizada pela análise cognitiva desses processos e pela utilização de uma metodologia essencialmente experimental. Neste capítulo, trataremos do percurso histórico dessa ciência, do objeto de suas pesquisas e dos métodos que a psicolinguística utiliza para alcançar seus objetivos.

O que é psicolinguística

A psicolinguística é uma ciência encarregada de estudar como as pessoas compreendem, produzem, adquirem e perdem a linguagem. O nascimento da ciência *psicolinguística* nos anos 50 do século XX está intimamente ligado a uma tendência geral de aparecimento de novas ciências a partir de fusões entre algumas já existentes. Com efeito, a psicolinguística surge com a necessidade de se oferecerem bases e explicações teóricas a várias tarefas práticas, para as quais as abordagens puramente linguísticas se mostraram insuficientes por focarem a estrutura das línguas e a análise textual excluindo de sua investigação o sujeito falante. Essas tarefas práticas incluem o ensino da língua materna e das línguas estrangeiras, os problemas específicos da fonoaudiologia, a recuperação da fala após traumas e acidentes cérebro-vasculares, a psicologia legal e a criminologia, a tradução automática e a criação da inteligência artificial.

É importante ressaltar que a psicolinguística não é a simples soma da psicologia com a linguística; trata-se de uma ciência que ultrapassa as fronteiras das duas "ciências-mães" e busca novas abordagens e metodologias científicas.

Na história da psicolinguística, podem ser observados quatro principais períodos:

1) **Período de formação**: com fortes influências da psicologia behaviorista (comportamental) da linguagem e da linguística estruturalista.

2) **Período linguístico**: com o predomínio da influência da gramática gerativa de Noam Chomsky*, quando as regras de geração de sentenças dessa gramática, com *status* de modelo descritivo da linguagem, eram entendidas também como um modelo funcional que pode ser verificado pela experimentação psicológica.

3) **Período cognitivo**: caracterizado pelas críticas das abordagens anteriores, pela forte atenção à semântica e pelo estudo de falantes reais em contextos reais, sem a formulação de teorias altamente formalizadas.

4) **Período atual**: com o desenvolvimento da psicolinguística como ciência interdisciplinar que envolve várias tendências teóricas e a coloca em um amplo âmbito de pesquisas sobre a natureza do conhecimento, a estrutura das representações mentais e o modo como esses conhecimentos e representações são empregados nas atividades mentais, tais como argumentações e tomadas de decisões.

Atualmente podemos considerar que várias disciplinas convergem sobre o mesmo objeto de estudo e mantêm uma estreita relação com a psicolinguística. A linguística, que é a ciência da linguagem, divide-se em várias áreas que tratam

---

* Em seus trabalhos, Chomsky destaca o fato de que, a partir de um conjunto finito de unidades e regras, um falante pode gerar infinitas sentenças gramaticais interpretáveis pelos ouvintes independentemente de essas sentenças terem sido ouvidas por eles antes ou não. Desse princípio se origina um dos nomes dados à perspectiva teórica chomskyana: *gramática gerativa* ou *gerativismo*. Como veremos no capítulo 3, Chomsky postula também que o homem detém um conhecimento específico da linguagem que não faz parte da "inteligência geral" e que não "se aprende", visto que a produção e a interpretação de sentenças requerem um número de operações formais extremamente complexas.

dos aspectos mais específicos da linguagem: fonética, sintaxe, semântica, pragmática, análise do discurso etc. Em termos muito gerais, o objeto da linguística é a análise dos elementos formais que constituem a linguagem humana e as línguas naturais concretas, bem como das regras e princípios que regem as relações entre esses elementos. Por sua vez, a psicolinguística está interessada no estudo dos processos cognitivos que possibilitam a compreensão e a produção da linguagem. Assim, dispor de um bom conhecimento descritivo sobre a estrutura e as regras de funcionamento de uma língua pode proporcionar um ponto de partida muito útil e até mesmo sugerir hipóteses sobre as estratégias que os falantes usam nos correspondentes níveis de processamento. Mas os conhecimentos linguísticos geralmente não são suficientes para explicar como a linguagem é processada. A linguística não diz nada sobre as características funcionais do sistema cognitivo que executa o processamento da linguagem nem sobre os mecanismos e as estratégias usados nesses processos. Uma importante particularidade do processamento da linguagem é que podemos ser conscientes do significado da mensagem verbal que entendemos ou produzimos, mas não temos consciência dos mecanismos de reconhecimento de palavras, de acesso lexical, de processamento morfossintático etc.

É importante notar que, embora determinados psicolinguistas e equipes de pesquisa dedicados à psicolinguística se ocupem de problemas específicos – como as particularidades de aquisição da língua materna na primeira infância ou as especificidades de aquisição de segunda (terceira etc.) língua por diferentes grupos etários em condições diversas (naturais ou de educação formal) –, a psicolinguística como ciência estuda um amplo leque de problemas relacionados com os mecanismos humanos de aquisição e uso da linguagem, com as estratégias e os elementos fundamentais universais, ou seja, próprios da espécie humana como tal, e com as particularidades específicas do uso da linguagem em diferentes condições em razão da ação de fatores internos e externos.

Na prática, os problemas que preocupam a psicolinguística na atualidade incluem as diferenças de percepção e compreensão entre a fala oral e a escrita, o papel do contexto no processamento da fala, os processos de obtenção dos vários tipos de conhecimento, os níveis de representação do discurso na memória, a construção dos modelos mentais do conteúdo textual, o processamento do discurso, a aquisição da linguagem e das línguas particulares por crianças e adultos, a aquisição da leitura, a produção da fala nos mais diferentes níveis de sua geração e os problemas neuropsicológicos da linguagem. Várias publicações destacam a necessidade de incluir no repertório dos problemas próprios da psicolinguística os estudos sobre a comunicação intercultural, a especificidade étnico-cultural do conhecimento linguístico, entre outros. Essa diversidade de assuntos exige que se façam interseções e, às vezes, superposições dos problemas que tradicionalmente pertencem à psicologia cognitiva, à linguística, ao campo da inteligência artificial e à pragmática.

Assim, a psicolinguística está se tornando mais eclética. O estudo do processamento de sentenças como unidades da linguagem continua gozando de uma imensa popularidade entre os psicolinguistas. Entretanto, nas últimas décadas, o foco foi transferido para os estudos do discurso que permitem interligar as pesquisas da linguagem que acontece em situações reais com os estudos sobre o processamento sintático e lexical. E ainda um outro aspecto da linguagem, a pragmática, ou seja, o conhecimento das regras sociais que subjazem à linguagem e fazem com que a fala mude com a situação e com as habilidades linguísticas dos interlocutores, está despertando o interesse de linguistas e psicolinguistas.

Em resumo, podemos afirmar que a psicolinguística caminha para o objetivo de descrever e explicar o funcionamento da linguagem como fenômeno psíquico, levando em consideração a complexa interação de múltiplos fatores internos e externos e incluindo em sua perspectiva de investigação o indivíduo nas interações socioculturais.

Metodologia da psicolinguística

À diferença de outras disciplinas que estudam a linguagem, a psicolinguística é uma ciência experimental. Isso significa que ela exige que as hipóteses e as conclusões geradas no âmbito de suas investigações sejam contrastadas sistematicamente com os dados de observações, experimentos e/ou simulações cuidadosamente controlados.

O **método observacional** consiste na observação do comportamento linguístico em diferentes atividades verbais de compreensão e produção da fala em situações comunicativas contextualizadas. São feitas gravações ocultas das conversas (o *corpus*) sem que os participantes tenham sido avisados do fato. Por questões éticas, os nomes destes não são divulgados.

As neurociências em geral e a neuropsicologia especificamente se apoiam nos importantes avanços tecnológicos, tais como as técnicas de neuroimagem, que permitem estudar a atividade cerebral implícita na linguagem. Contudo, os métodos da neuropsicologia focalizam a atividade cerebral apenas parcialmente: os parâmetros cerebrais constituem geralmente as variáveis dependentes (por exemplo, quais são as regiões do cérebro que são ativadas e quando elas são ativadas), sendo as variáveis independentes as tarefas tipicamente cognitivas: decisão lexical, compreensão de sentenças, rotação de imagens mentais etc.

Quando se usa o **método experimental**, deve existir previamente alguma hipótese ou algum modelo sobre o fenômeno linguístico de interesse e é deduzido o tipo de consequências empíricas que a hipótese/modelo prediz. Com base nessas previsões e deduções, são realizados os experimentos que provam ou negam a realidade empírica ou a validade explicativa da hipótese/modelo. O método experimental parte da suposição de que as meras observação e descrição dos fenômenos do comportamento linguístico são insuficientes. Os experimentos se definem então como situações artificiais de observação, nas quais são controladas as diferentes variáveis importantes para o experimento. Nos estudos da produção da linguagem, é mais difícil realizar experimentos devido ao fato de que o início do processo sempre pertence ao sujeito e não ao experimentador. Por isso, não há como manipular as ideias, as intenções e os conhecimentos a partir dos quais o sujeito produz a fala ou a escrita.

O terceiro método de pesquisa do comportamento verbal é a **simulação cognitiva**. Tal como a psicologia cognitiva, a psicolinguística se baseia na suposição de que as funções da linguagem possam ser descritas como se fossem programas de computador, ou seja, em termos de representações simbólicas e regras computacionais aplicadas a esses símbolos. Essa proximidade com as ciências da computação permite aos psicolinguistas desenvolver simulações de compreensão e produção da linguagem. No entanto, à diferença dos programas de inteligência artificial, nas simulações psicolinguísticas interessa não apenas que o computador seja capaz de executar uma tarefa com eficácia, mas também que essa tarefa seja executada da mesma maneira como fazem os seres humanos. Assim, o programador precisa ter à disposição um modelo da atuação humana para elaborar o programa. Se este reproduz a execução da tarefa feita por humanos (seus padrões de resposta, tipos de erros etc.), o modelo pode ser considerado validado. Caso contrário, o modelo e, consequentemente, o programa são modificados até que os dados coincidam.

Outra característica importante da pesquisa psicolinguística é que ela enfoca três grupos de sujeitos para compreender os processos linguísticos que participam do comportamento verbal:

1. os adultos competentes em uma ou mais línguas;
2. as crianças que estão adquirindo a linguagem;
3. as crianças e os adultos que têm alguns transtornos em seu comportamento verbal.

Além disso, a abordagem psicolinguística dos fenômenos da linguagem supõe que estes sejam tratados com base na concepção da especificidade do conhecimento individual formado de acordo com as capacidades psicofisiológicas do indivíduo, controladas pelo sistema de normas e valores praticado pela comunidade na qual esse indivíduo está inserido.

Atividades

1. Na sua opinião, que outras ciências, além da psicologia e da linguística, podem ser envolvidas na busca de novas abordagens para dar conta dos fenômenos estudados pela psicolinguística?

2. Que atividades humanas podem ser beneficiadas pelo conhecimento da psicolinguística?

3. Alguns famosos cientistas contam que suas descobertas mais importantes aconteceram primeiro na sua imaginação e só depois foram descritas em palavras. O que esse fenômeno pode sugerir sobre a relação entre a linguagem e o pensamento?

4. Se você encontrasse uma pessoa que fala uma língua que ninguém à sua volta consegue entender, como você faria para se comunicar com essa pessoa? O que essa situação sugere sobre a relação entre a linguagem e a comunicação?

Fundamentos biológicos da linguagem

biológicas que focalizam a linguagem procuram responder à antiga pergunta que fazem os humanos sobre o porquê de o ser humano ser o único que pode aprender a falar alguma língua humana. Entretanto, precisamos lembrar que, embora os estudos sobre a anatomia e a fisiologia sejam muito importantes e fascinantes, as descrições anatômicas e fisiológicas por si só não proporcionam uma sólida explicação da capacidade do ser humano para a linguagem. Nas páginas

As pesquisas biológicas que focalizam a linguagem procuram responder à antiga pergunta que fazem os humanos sobre o porquê de o ser humano ser o único que pode aprender a falar alguma língua humana. Entretanto, precisamos lembrar que, embora os estudos sobre a anatomia e a fisiologia sejam muito importantes e até fascinantes, as descrições anatômicas e fisiológicas por si sós não proporcionam uma sólida explicação da capacidade do ser humano para a linguagem. Nas páginas seguintes, apresentaremos o suporte biológico que os seres humanos possuem para a comunicação verbal e o processamento da linguagem.

Uma breve excursão à anatomia e à fisiologia humanas para a linguagem

A linguagem é uma faculdade psicológica que se sustenta em um suporte biológico. A atividade verbal se realiza por meio do funcionamento de uma série de sistemas neurofisiológicos altamente especializados. O mais importante de todos é o **sistema nervoso central**, formado pelo cérebro, pelo tronco do encéfalo e pela medula espinhal. Esse sistema, junto com o **sistema nervoso periférico** (um conjunto de nervos que, usando a metáfora de cabos de comunicação, conecta o sistema nervoso central com o resto do corpo), participa da recepção e da produção da fala. Dessas atividades verbais participam outros sistemas, que recebem o nome de *órgãos periféricos de produção e recepção*. Os sistemas participantes da produção são o **fonoarticulatório**, que usamos para falar, e o **manudigital**, que nos permite escrever. Para a recepção da fala, usamos os ouvidos e os olhos.

Como este livro não se destina a alunos e profissionais das ciências médicas, discutiremos apenas alguns pontos mais importantes das propriedades biológicas específicas da espécie humana.

Entre seus órgãos periféricos de produção de fala, o ser humano possui um chamado *aparato fonador* que não compartilha com nenhum outro animal de espécies próximas, embora todos os ossos, músculos e tecidos brandos encontrem paralelos com os dos primatas superiores. As especificidades da evolução da arquitetura do crânio e da mandíbula humanos modificaram a anatomia facial, principalmente das bochechas e de sua relação com o tamanho da boca. Além disso, as bochechas não permitem em momento algum descobrir todos os nossos dentes, como é absolutamente normal em cachorros e outros mamíferos, incluindo primatas. Assim, graças ao músculo das bochechas chamado *bucinador* e aos músculos labiais, podemos articular sons oclusivos, como [p] e [b]. Como os nossos dentes caninos têm praticamente o mesmo tamanho dos outros dentes, podemos articular sons fricativos como [f] e [v]. A nossa epiglote é muito mais baixa que em outros primatas e não toca no palato mole, fazendo com que o ar que expiramos não precise sair obrigatoriamente pelo nariz e, assim, os sons vogais não são obrigatoriamente nasais. Essas são apenas algumas características da nossa anatomia facial que permitem a fala articulada.

Entretanto, não devemos pensar que essas peculiaridades anatômicas humanas sejam determinantes. Por um lado, conhecemos algumas espécies de pássaros, como os papagaios, que, não possuindo nossa anatomia craniana, são capazes de pronunciar sequências bastante longas de enunciados linguísticos com notável perfeição. Por outro lado, certas deformações dos órgãos fonadores, como o lábio leporino, não impedem seus portadores de falarem.

Assim, mais importantes para nosso processamento da linguagem parecem ser as condições neurológicas.

Figura 2.1 – O "escritório central" da linguagem

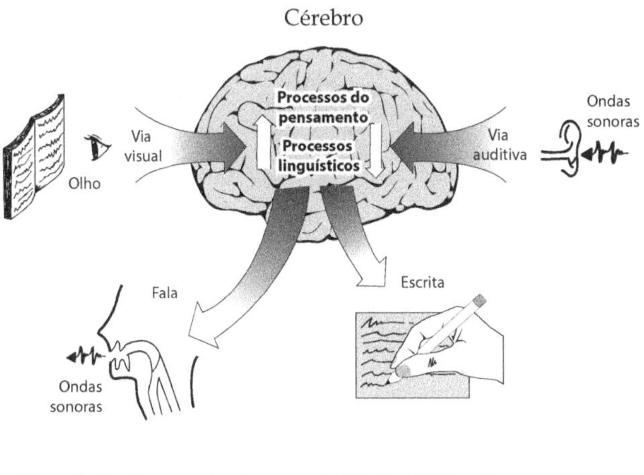

Fonte: Adaptado de Garman, citado por Anula Rebollo, 2002, p. 20.

Como podemos ver nessa figura, o cérebro representa o elemento nuclear na produção, recepção e processamento da linguagem, sendo o principal responsável pela comunicação verbal. O cérebro humano é muito maior e mais pesado que o cérebro dos primatas e, além disso, tem as circunvoluções mais profundas. Mas isso não explica por que o ser humano fala e os macacos não. Isso só pode explicar que o ser humano seja capaz de falar melhor que eles. O cérebro humano possui uma estrutura neuroanatômica muito complexa que é dividida em duas grandes regiões: o hemisfério esquerdo e o hemisfério direito. Os hemisférios são ligados por uma estrutura conhecida como *corpo caloso*. No nascimento, os hemisférios não são idênticos quanto à sua estrutura, mas provavelmente são idênticos funcionalmente. Na maioria das pessoas adultas, o hemisfério esquerdo é o dominante para as funções da linguagem, embora o direito também tenha uma participação muito importante, como podemos ver no quadro a seguir.

Quadro 2.1 – A linguagem e sua relação com os hemisférios cerebrais

	Função da linguagem	Hemisfério esquerdo	Hemisfério direito
Prosódia	Ritmo	domina	–
	Entonação	participa	participa
	Timbre	participa	participa
Semântica	Significado verbal	domina	–
	Formação de conceitos	participa	participa
	Imagens visuais	–	domina
Sintaxe	Sequenciação	domina	–
	Relações entre os elementos	domina	–

Fonte: Carrión, 1995, citado por Anula Rebollo, 2002, p. 20.

Existem evidências de que o hemisfério esquerdo é mais bem equipado desde o nascimento para abrigar as funções linguísticas. No entanto, no caso de ocorrer algum traumatismo ou enfermidade no hemisfério esquerdo, o direito pode se encarregar dessas funções, mas o prognóstico dependerá da idade do paciente: nas crianças muito novas, mesmo a retirada total desse hemisfério pode não ser prejudicial para que elas desenvolvam a linguagem normalmente; com o avanço da idade, cada hemisfério se especializa em suas funções e a flexibilidade cerebral diminui, levando a distúrbios sérios da linguagem.

Mas será que existe alguma parte do cérebro em que poderíamos localizar a fala e cuja ausência nos outros animais poderia explicar a impossibilidade de uma linguagem caracteristicamente humana para eles?

Para investigarem quais as áreas cerebrais estão envolvidas na linguagem, os pesquisadores das áreas de neurofisiologia e neuropsicologia vêm se dedicando ao estudo da organização neural da linguagem. Com o auxílio dos procedimentos de diagnóstico por imagem e da medição da atividade elétrica no funcionamento cerebral em tomógrafos de ressonância magnética, é possível montar um mapa das áreas responsáveis pela linguagem e entender como elas se relacionam no cérebro. Os recursos de diagnóstico por imagem rastreiam o fluxo de sangue no cérebro e revelam, assim, as regiões mais ativadas enquanto uma pessoa vê, ouve, fala ou imagina. Com isso, pode-se literalmente ver o que ocorre no cérebro, desde o momento em que a informação é ouvida até a sua interpretação. Esses novos procedimentos permitiram que se tivesse uma melhor compreensão do relacionamento cérebro-linguagem. Foi possível detectar que a linguagem não se dá somente em áreas específicas do cérebro, mas também em outras áreas distribuídas tanto no córtex esquerdo como no hemisfério direito; além disso, descobriu-se que as áreas subcorticais são importantes para o processamento da linguagem.

No hemisfério esquerdo podem ser distinguidas várias zonas relacionadas com diferentes processos linguísticos. As mais importantes são a **área de Broca**, responsável pela codificação da linguagem, e a **área de Wernicke**, na qual se processa boa parte da compreensão verbal. As funções motoras, responsáveis pela articulação dos sons da fala, localizam-se principalmente na área frontal do cérebro, e a armazenagem dos conceitos, na área occipital.

Figura 2.2 – Áreas de Broca e de Wernicke

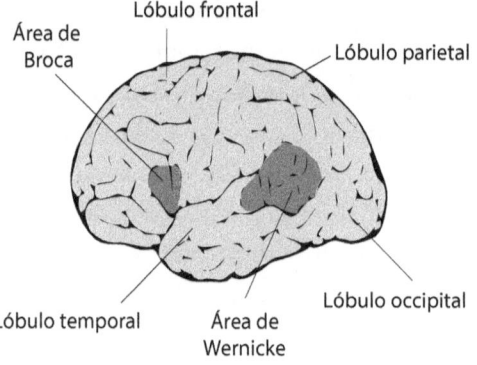

Fonte: Fernández Lagunilla; Anula Rebollo, citados por Anula Rebollo, 2002, p. 21.

Entretanto, é importante ter em mente que essas áreas não são absolutamente determinantes na localização da fala no cérebro. Quando os neurocirurgiões são obrigados, devido a um derrame ou a um trauma cerebral ocorridos no paciente, a remover alguma parte até bastante ampla da massa encefálica, inclusive nas áreas que mencionamos anteriormente, existem casos de pacientes que desenvolvem apenas algumas alterações passageiras da fala.

Nem a própria lateralização, ou seja, a concentração da capacidade linguística no hemisfério esquerdo, explica a especificidade da linguagem humana. É verdade que os demais animais não possuem tal lateralização, mas, nas crianças pequenas, por outro lado, a fala não parece ser lateralizada e nos indivíduos que adquirem uma segunda (ou terceira etc.) língua depois da puberdade, essas línguas parecem localizar-se preferentemente no hemisfério direito.

Foram realizadas várias pesquisas com primatas, em especial com chimpanzés, que visavam ensinar esses macacos a falarem inglês, embora não oralmente, porque seu trato oral não lhes permite realizar as articulações sonoras humanas. Em alguns experimentos, foi usada a língua dos surdos americanos e, em outros, línguas artificiais. Surpreendentemente, os chimpanzés conseguiram aprender não somente algumas dezenas de palavras, como também reproduziram e até inventaram sequências significativas de palavras, além de aprenderem e usarem criativamente conceitos relacionais e abstratos.

Esse tipo de pesquisa reabre um debate que parecia definitivamente encerrado e quase esquecido: a diferença entre as linguagens de animais e a humana é simplesmente uma questão de grau ou existiria um salto qualitativo nos conhecimentos linguísticos e nas práticas de fala da espécie humana?

Atividades

1. Que sequências de regiões cerebrais estão envolvidas quando você:
   a. ouve um enunciado e depois responde oralmente;
   b. vê uma sentença e depois a lê em voz alta.

2. Dê um exemplo de como os dois hemisférios poderiam em conjunto afetar seu funcionamento numa situação cotidiana.

3. Como o hemisfério esquerdo poderia processar uma música que lhe é familiar? E o direito?

3

Aquisição da linguagem

Este capítulo é dividido em duas partes. A primeira traça a trajetória do desenvolvimento linguístico desde o nascimento até o domínio completo da linguagem e descreve, resumidamente, como são adquiridos os principais sistemas linguísticos: fonológico, sintático, semântico e pragmático. A segunda parte sistematiza e agrupa os modelos propostos por estudiosos para explicar o fenômeno da aquisição da linguagem em termos de abordagens, ou perspectivas, teóricas gerais

Este capítulo é dividido em duas partes. A primeira trata da trajetória do desenvolvimento linguístico, desde o nascimento até o domínio completo da linguagem e descreve, resumidamente, como são adquiridos os principais sistemas linguísticos: fonológico, sintático, semântico e pragmático. A segunda parte sistematiza e agrupa os modelos propostos por estudiosos para explicar o fenômeno da aquisição da linguagem em termos de abordagens, ou perspectivas, teóricas gerais

Este capítulo é dividido em duas partes. A primeira trata da trajetória do desenvolvimento linguístico desde o nascimento até o domínio completo da linguagem e descreve, resumidamente, como são adquiridos os principais sistemas linguísticos: fonológico, sintático, semântico e pragmático. A segunda parte sistematiza e agrupa os modelos propostos por estudiosos para explicar o fenômeno da aquisição da linguagem em termos de abordagens, ou perspectivas, teóricas gerais.

Do bebê ao *Homo loquens*

UAAA	**aga...aga**	**bababa dididi**
Idade 0-2 meses. Sons motivados pelo desconforto.	Idade 2-4 meses. Acrescenta sons provocados pela satisfação.	Idade 4-9 meses. Balbucio.
papa mama	**Leite cabô.**	
Idade 9-18 meses. Construindo o sistema fonêmico.	Idade 18 meses-2 anos e meio. Frases de duas palavras.	
Andei no meu carrinho.	**Mamãe, acho que estraguei o brinquedo que o papai me deu ontem.**	
Idade 2 anos e meio-4 anos. Aprende gramática, amplia vocabulário, completa o sistema fonêmico.	Idade 4-6 anos. Gramátca e sintaxe de adulto.	

Fonte: Adaptado de Fry, 1977, p. 125.

Se existe algo mais surpreendente e milagroso do que a própria capacidade humana de falar e ter na sua fala uma poderosa ferramenta de ação, este algo é o processo da aprendizagem da fala e do modo de usá-la. É realmente assombroso que a criança em poucos anos chegue a dominar sua língua materna (pelo menos uma). Uma das principais tarefas da psicolinguística é compreender e explicar como as crianças aprendem a falar e a entender a linguagem. É um desafio apaixonante, mas a tarefa é extremamente complexa. O sistema de qualquer – qualquer! – língua é muito complexo, com seus vários níveis, suas estatísticas, regras, leis e rotinas, por isso é realmente incrível como uma criança com a idade de mais ou menos um ano pode começar a aprender a sua língua materna. E é muito importante compreendermos que a aprendizagem da primeira língua, a materna, é essencialmente diferente da aprendizagem de uma língua estrangeira, numa idade posterior, porque **aprender a língua materna é descobrir o que é a linguagem**.

Os psicólogos e linguistas que estudam a aquisição da linguagem pelas crianças se dividem quanto à natureza desse processo. Para uns, ele é "natural", no sentido de ser biologicamente especificado no genoma humano; para outros, pelo contrário, trata-se de um fenômeno "cultural", aprendido, embora tendo como base a elevada inteligência humana geneticamente programada. Atualmente, a postura mais aceita afirma que a linguagem humana responde a um "instinto" inato, ou seja, genético, próprio e exclusivo da nossa espécie. Mas não se pense que seja inata alguma língua determinada: portuguesa, inglesa, chinesa, grega ou outra! O que se quer dizer é que a mente humana contém algumas estruturas inatas gerais e muito poderosas para a análise e a aquisição da linguagem. Os estudos feitos nos últimos 50 anos mostram que seria impossível para as crianças aprenderem a falar alguma língua se elas contassem somente com a aplicação dos princípios de aprendizagem. A teoria proposta por Noam Chomsky em 1965 postula que a criança possui uma espécie de dispositivo para a aquisição da língua (*Language Acquisition Device*). Esse dispositivo permite à criança operar sobre as expressões que ela ouve à sua volta, de maneira que consegue elaborar uma gramática implícita e internalizada, não consciente, com essas expressões. Essa mesma gramática permite à criança inventar novas expressões na língua nunca ouvidas antes. Nos seus três primeiros anos, a criança adquire a estrutura essencial da língua que ouve ao seu redor e começa a inventar uma gramática para formular suas próprias orações. A hipótese de Chomsky explica esse "milagre" da aprendizagem da língua materna nos aproximadamente cinco primeiros anos de vida.

Nas primeiras semanas de vida, boa parte dos bebês, quando não está chorando ou mamando, permanece calada. O choro da criança – como qualquer mãe descobre rapidamente – significa que ela está experimentando algum desconforto, algumas sensações desagradáveis (fome, dor etc.). Entretanto, nessa fase, o choro e outros sons que a criança emite não são intencionais: trata-se de manifestações sonoras condicionadas fisiologicamente. Mas o espantoso é que as crianças de apenas 4 dias de idade já reconhecem a língua de seus pais em função de padrões prosódicos (entonação, ritmo etc.) e permanecem insensíveis quando expostas a outras línguas, como mostram os experimentos. Assim, quando se fala em francês com um bebê francês, ele reage; mas não reage se alguém se dirige a ele, por exemplo, em chinês ou polonês. Mais ainda: os estudos recentes provam que, desde seus primeiros dias de vida, os bebês choram em francês, inglês ou português, porque preferem os sons e a prosódia típicos da língua que ouviram quando ainda eram fetos, no último trimestre de gestação.

Do ponto de vista do desenvolvimento da fala, o choro é importante porque o bebê utiliza ativamente a laringe e começa a aprender a controlar sua respiração, sendo esse controle a base para a fala. Em pouco tempo – 2, 3 ou 6 meses – a criança começa a produzir outros tipos de sons que significam que está tudo bem com ela, deixando a mãe feliz. Esses sons exigem mais do aparelho fonador do que o simples choro. Nesse período de sua vida, quando surge o chamado "arrulho", a criança começa a distinguir os sons vocálicos e consonantais, ainda que de uma forma difusa, e rapidamente passa a associar os sons da voz da sua mãe com experiências ou sensações agradáveis, reagindo com um sorriso. Esse é um indício importante de que a criança relaciona as coisas de seu interesse, de seu mundo, com a fala. A mãe comum ("normal") segue seu instinto de conversar com a criança enquanto a alimenta, dá banho etc. Se, durante o 1º mês de vida, os bebês não realizam outros movimentos articulatórios que não sejam os de abrir e fechar a boca, esses sons arrulhados utilizam a língua como o órgão articulador e por isso são precursores da fala genuína. Durante essa etapa "pré-linguística", como dissemos, o bebê exercita o controle do aparelho fonador, tentando ajustar a respiração e os movimentos bucofaríngeos. Trata-se de uma tarefa extremamente complexa para uma criança tão pequena, porque seu desenvolvimento motor, em geral, é muito limitado.

O período que começa aos 4-7 meses é absolutamente vital para o desenvolvimento da fala, porque a criança começa a balbuciar. O balbucio é aquela atividade que o bebê realiza quando está confortável, normalmente antes de dormir ou ao acordar, e consiste na emissão de sequências de sons de vários tipos – o bebê repete as mesmas sílabas, "brincando de falar". Essa é a fase de um verdadeiro treino fonético, pois a criança explora as possibilidades de seu aparato fonador e articula sons encontrados em todas as línguas do mundo (se tentarmos repetir alguns deles, não seremos capazes de fazê-lo, pelo menos nas primeiras tentativas), experimenta todos os padrões silábicos e contornos entonacionais. O balbucio indica claramente que a criança não imita os sons que nós produzimos, mesmo se tentarmos fazer com que ela os imite, repetindo-os várias vezes. No entanto, aos poucos, continuando com a "brincadeira" de "testar" os sons que existem e os que não existem em sua futura língua materna, a criança se concentra nos padrões silábicos e prosódicos dessa língua. Outro aspecto vital dessa atividade de "fala" e de autoescuta é que ela estabelece e desenvolve, no cérebro da criança, as conexões dos circuitos que produzem os movimentos articulatórios e dos que a controlam, permitindo os *feedbacks* auditivos e sinestésicos. As primeiras séries de sílabas se relacionam com a facilidade articulatória das combinações e são iguais em todas as línguas: *pa-pa, ma-ma, ba-ba, da-da, ta-ta*. É por isso que em todas as línguas do mundo essas combinações são escolhidas para se referir aos pais: *papa, papá, papai, baba, mama, mamá, mamma* etc.

É importante observar que, tanto no desenvolvimento da fala, como no desenvolvimento de qualquer outro tipo de aprendizagem (sentar, andar, agarrar etc.), as etapas se fundem e não podem ser distinguidas por datas e momentos; além disso, diferentes crianças passam por essas etapas em idades ligeiramente diversas e a duração de cada etapa de desenvolvimento também é individual. Entretanto, todas as crianças consideradas "normais", que não têm sérias patologias anatômicas, fisiológicas ou neurológicas específicas, obrigatoriamente passam por todas as etapas do desenvolvimento da fala e da linguagem.

No seu início, como já dissemos, a atividade de balbucio não tem ligação real com a fala e a linguagem. O balbucio é processado no mundo privado da criança, e os sons ou sílabas não estão relacionados com o mundo exterior, não fazem nenhuma referência a esse mundo; portanto, nessa etapa do desenvolvimento da (fala da) criança, não se trata da linguagem propriamente dita. No entanto, o momento – quando a criança responde com balbucio à voz de um adulto – prenuncia que ela logo começará a envolver-se com a fala e com a comunicação verbal. Nessa fase, os bebês já são altamente socializados, pelo menos no seu relacionamento com adultos, e entre os 12 e os 18 meses muitos deles proferem claramente palavras conhecidas.

Neste momento do nosso breve exame das fases de desenvolvimento da fala, pelas quais passa toda criança, é importante pararmos para fazer a pergunta: por que a criança deve aprender a falar?

Entre os psicólogos e os fonoaudiólogos, conta-se uma velha historinha, que nos parece oportuno reproduzir aqui. Um casal tinha dois filhos: uma menina muito faladora e um menino, dois anos mais novo, que nos seus primeiros anos de vida não havia proferido uma palavra sequer, para o desespero dos pais e dos avós. Eles fizeram de tudo para descobrir a causa. O menino foi levado a um otorrinolaringologista, que não constatou quaisquer problemas articulatórios nem de audição. Foi levado também a um neurologista, o qual afirmou que estava tudo perfeito com o sistema neurológico do menino e que o cérebro da criança funcionava às mil maravilhas. O tempo passava e o menino continuava sem falar, embora já tivesse feito seu quarto aniversário. Uma bela manhã, quando a família estava tomando seu café, de repente o menino falou em alto e bom som: *"Está faltando açúcar no meu mingau"*. O leitor pode imaginar a cena e o tamanho do espanto de todos. Enfim, a mãe conseguiu gaguejar: *"Pedrinho, meu bem, mas por que você nunca falou antes?"*. E o Pedrinho respondeu: *"Porque antes nunca faltou nada!"*.

A historinha dá o que pensar. Para que alguém fale, se comunique com os outros, ele tem que ser motivado para tanto. Se a criança tem todas as suas necessidades satisfeitas, bastando para isso que esboce um gesto ou simplesmente não faça nada, ela não terá motivação para falar. Mas também é verdade que, em princípio, todas as crianças têm uma motivação para falar simplesmente porque pertencem à espécie humana e que uma criança comum, em condições também comuns e normais, rapidamente descobre que os sons que saem da boca daquelas pessoas que habitam seu pequeno mundo têm uma força muito poderosa – as palavras fazem com que "aconteçam coisas". E também é verdade que, embora uma ou outra criança, por um certo período de tempo, não fale, não externalize a linguagem, pois não tem necessidade de fazê-lo, ainda assim essa criança, estando fisiológica, anatômica e neurologicamente saudável e habitando em uma comunidade humana normal, obrigatoriamente chega ao conhecimento da língua que se fala à sua volta: a criança deve falar simplesmente porque é um ser humano.

Muitas crianças passam por um período de tempo bastante longo durante o qual elas se expressam por meio de palavras isoladas, raramente usando sintagmas e orações. Durante esse período, seu vocabulário total pode ser de umas 50 ou mais palavras. Para uma criança muito pequena, que conhece poucas palavras, estas representam alguns poucos itens do seu mundo. É muito interessante observar que, com o passar do tempo, a área coberta por uma palavra se modifica e seu significado pode se expandir ou se contrair. Um exemplo claro da expansão do significado é a palavra *papá*. A criança aprende que essa palavra se refere a uma pessoa que a mãe chama assim e que aparece em casa de vez em quando, tem uma voz mais grossa do que a da mãe, usa roupas diferentes das dela etc. Passado algum tempo, ao sair com a mãe para um passeio, basta a criança ver uma figura masculina que ela grita alegremente "*Papá, papá*", deixando a sua mãe numa situação constrangedora. Com o tempo, quando a criança incorpora no seu vocabulário a palavra *homem*, o significado de *papá* volta a reduzir-se para passar a significar apenas aquele homem que é seu pai. O mesmo acontece, por exemplo, com a palavra *au-au* que a criança aprende para se referir ao cachorro da vizinha. Logo, qualquer ser vivo que se mexe, de passarinho a cavalo, será chamado de *au-au*. Só quando a criança aprender a palavra *piu-piu*, os passarinhos deixarão de ser chamados de *au-au*, e assim por diante.

Outra observação importante sobre as palavras nessas primeiras fases da evolução da linguagem da criança é que elas não só se referem a um objeto ou a um indivíduo, mas desempenham várias funções. Por exemplo, a palavra *au-au* pode significar não só a informação sobre a presença de um cachorro ou outro bicho; o significado dessa palavra pode ser equivalente ao significado de uma sentença, como "*Quero brincar com este cachorro*", "*Tira este cachorro daqui*", "*Vem aqui, cachorro!*" etc. Por isso, muitos psicolinguistas chamam essas primeiras palavras da criança de *palavras-frases* (ou *holófrases*) e também chamam a primeira fase da aquisição da linguagem de *fase das palavras-frases*. Uma análise mais cuidadosa dos contextos dessas palavras proferidas por crianças possibilitou que os estudiosos identificassem as diferentes funções que as holófrases podem desempenhar:

Quadro 3.1 – Funções da fala holofrástica

Função	Exemplo
Nomear	*papá*, olhando para o pai
Desejo	*mamá*, olhando para a mãe e para o pacote de bolachas
Agente	*papá*, ouvindo alguém abrir a porta de entrada
Ação	*borá*, à porta, esperando a mãe se vestir
Objeto	*bola*, enquanto chuta a bola
Localização	*caisa*, colocando os lápis na caixa
Possuidor	*Nina*, olhando para cama vazia da irmã

Fonte: Adaptado de Greenfield; Smith, citados por Carroll, 1986, p. 327.

A etapa das palavras isoladas é muito variável e depende de cada criança. Pode levar entre dois meses e um ano. Mas no segundo ano de vida, geralmente entre os 18 e 20 meses, aparece a sintaxe: a criança começa a juntar palavras em orações de duas e, mais tarde, três palavras. O termo que mais frequentemente é aplicado à fala das crianças da idade do maternal é *fala telegráfica*, porque, tal como num telegrama, das sentenças são eliminados artigos, preposições, demonstrativos etc. Assim, o mais comum é que essas sentenças sejam compostas de dois substantivos ou de um substantivo e um verbo: *"Sapato mamã", "Papá baquinho", "Ág(u)a cabô", "Carro cabô"*. Tal como acontece com as palavras-frases, essas primeiras sentenças podem ter significados diferentes, dependendo da situação em que são proferidas. Assim, *"Papá baquinho"* pode significar *"Papai, por favor, faz um barquinho para mim"* ou *"Papai, vamos passear de barquinho"* etc. Essa fase da aquisição da linguagem pela criança é muito especial e muito interessante, porque não temos como supor que essas sentenças sejam imitadas ou copiadas. Nenhum adulto diria espontaneamente algo como *"Carro (c)abô"*, visto que tais estruturas não fazem parte da sua linguagem, o que significa que a criança está aprendendo as regras que determinam o uso dos substantivos e dos verbos na sua língua materna. Assim, as novas palavras aprendidas serão "encaixadas" nas classes de verbos, substantivos e, mais tarde, pronomes, adjetivos etc. devido à maneira como funcionam na linguagem.

Os psicolinguistas que estudam o desenvolvimento da fala infantil sugerem que essas primeiras sentenças expressam relações semânticas, e não sintáticas. Nessa perspectiva, quando a criança diz *"Au-au papando"*, a representação linguística da sentença não é sintática (nome-verbo ou sujeito-predicado), mas semântica (agente-ação). Embora os conceitos sintáticos estejam muito próximos dos semânticos, eles não são sinônimos. Por exemplo, o termo sintático *sujeito* cobre a função de agente (**"O Pedrinho** *chutou a bola"*), de instrumento (*"A faca cortou o meu dedo"*), pessoa afetada (**"A Lara** *quer leite"*) etc. Para que a criança chegue ao conceito de sujeito, ela precisa antes encontrar a semelhança abstrata que subjaz a esses diferentes papéis semânticos. O quadro a seguir mostra as relações semânticas básicas que estão presentes na fala infantil na fase de duas palavras (os exemplos não representam a pronúncia real possível da fala infantil).

Quadro 3.2 – Relações semânticas na fala infantil de duas palavras

Relação	Exemplo
Nomear	*isso bola*
Recorrência	*mais suco*
Não existência	*carro acabou*
Agente-ação	*Lara papando*
Ação-objeto	*põe carro*
Ação-localização	*senta aqui*
Objeto-localização	*lápis caixa*
Possuidor-possuído	*minha bola*
Atribuição	*bola grande*
Demonstrativo-objeto	*essa bola*

Fonte: Adaptado de Brown, citado por Carroll, 1986, p. 332.

Durante essa etapa, a criança vive uma verdadeira "explosão linguística". Ela adquire o vocabulário a uma velocidade assombrosa: aproximadamente uma palavra nova a cada duas horas!

Expusemos até aqui alguns fatos sobre as primeiras produções sonoras infantis. Agora precisamos traçar a diferença entre as emissões de sons e a aquisição do sistema fonológico da língua materna, da gramática e da consciência linguística.

O processo de aquisição do sistema fonológico, da gramática e da consciência linguística

Lembremos que a criança de poucos meses emite todo tipo de sons, inclusive aqueles que, por não pertencerem à sua língua materna, representarão grande dificuldade de realização para ela quando crescer e tiver que aprender alguma língua estrangeira.

Durante o processo da aquisição do sistema fonológico, a criança começa com um inventário mínimo de fonemas e, à medida que se desenvolve, o amplia até completá-lo em poucos anos. Embora as línguas humanas tenham seus sistemas fonológicos específicos, o surpreendente é que o princípio da ordem de surgimento dos fonemas na aquisição da linguagem parece ser universal. Ressaltemos que, quando falamos em *sistema fonológico*, não estamos nos referindo exatamente aos sons da língua, mas aos fonemas, que se constituem em unidades abstratas com as quais opera a fonologia para explicar como e por que, apesar das diferenças regionais, sociais e individuais quanto à pronúncia, os falantes se entendem. Pensemos, por exemplo, nas possibilidades de se pronunciar o primeiro segmento da palavra *tia* em português brasileiro.

Entretanto, se substituirmos o segmento /t/ – usamos as barras oblíquas para indicar que se trata de fonema e não do som específico, que pode variar – pelos segmentos /m/ ou /p/, teremos outras palavras, outros significados. São justamente esses valores distintivos dos fonemas que a criança precisa compreender quando está adquirindo o sistema fonológico de sua língua materna. Para descrever os fonemas, a fonologia se baseia na articulação dos sons que os fonemas representam, indicando o lugar da articulação (anterior, posterior) ou os órgãos que dela participam (lábios, dentes, cavidade bucal ou nasal etc.) e o modo de se produzir a articulação (oclusão, que é uma obstrução completa do fluxo de ar, fricção etc.).

A primeira diferenciação se dá entre consoante e vogal, normalmente por meio da oposição entre os fonemas /p/ e /a/, ou seja, entre a consoante mais "óbvia", a "mais consoante" – uma oclusiva com interrupção total da saída do ar e, além disso, visivelmente reconhecível por ser bilabial – e a vogal "mais vogal", a de abertura máxima, aquela que mais se aproxima da posição da boca ao expirar. Em seguida, a criança estabelece a distinção *oral/nasal*, incorporando no sistema fonológico a consoante /m/, que tem a mesma nitidez visual que /p/. E eis que a criança já fala as suas primeiras palavras – *papá* e *mamá* –, deixando felizes os seus familiares! O passo seguinte é o estabelecimento de uma oposição vocálica importante que se dá entre a vogal baixa /a/, de abertura máxima, e uma vogal de abertura mínima, normalmente o fonema /i/. Depois disso a criança estabelece os contrastes mínimos ternários: /p/ ~ /t/ ~ /k/ e /i/ ~ /a/ ~ /u/. A partir desse ponto, que é comum para todas as línguas do mundo, a criança adapta seu desenvolvimento fonológico ao sistema da sua língua materna, sempre com base em contrastes: anterior/posterior, oclusivo/fricativo, oral/nasal etc.

O desenvolvimento da fonologia e da gramática ocorre por meio da aprendizagem de novas palavras. Elas integram inicialmente o vocabulário passivo, mas passam rapidamente para o vocabulário ativo. Enquanto isso não acontece, a criança se recusa a repetir uma palavra que tenha acabado de aprender a reconhecer, porque precisa de algum tempo para que chegue a dizê-la em voz alta e a usá-la espontaneamente na sua fala. Com a idade de 2 anos, a criança já tem um repertório bastante grande de substantivos e alguns poucos verbos. Em seguida, ela amplia rapidamente seu estoque de verbos, conhece uns poucos adjetivos, um ou dois advérbios, uma ou duas palavras interrogativas e preposições. A compreensão e a aquisição do repertório mais amplo de preposições, conjunções e advérbios irão demorar, pois não é fácil compreender o significado de palavras como *antes*, *depois*, *então*, *embora*, por exemplo, sendo que a criança usará, com muita frequência, a conjunção *e*.

O período das duas palavras não é muito prolongado. Logo as sentenças produzidas pela criança incluirão sequências de três e quatro palavras e começarão a parecer-se com as frases da fala dos adultos. Mas muitas das sentenças ainda exibirão uma sintaxe com "desvios", demonstrando claramente que a criança está construindo, deduzindo as regras sintáticas e não imitando as sequências ouvidas. Quando a criança atinge seus 4 anos ou um pouco mais, ela já está pronta para produzir sentenças espantosamente complexas. Nessa idade, surge a famosa fase dos inúmeros "porquês" e do "o que é isso?". Cansados de responder centenas de vezes às mesmas perguntas, os adultos acreditam que se trata da manifestação da imensa curiosidade que a criança tem para saber como funcionam as coisas no mundo. Em parte, isso é verdade; por outro lado, a criança expressa mais a sua curiosidade com relação às palavras do que com relação às coisas. Ela quer e precisa assimilar novas palavras e novas possibilidades de construir sentenças. Ouvindo o que dizem os adultos, a criança deduz formas gramaticais, tais como os pretéritos dos verbos, os plurais etc. Quando a criança descobre a "regra geral" da formação do pretérito perfeito dos verbos regulares, ela a utiliza também nos verbos irregulares. Nessa fase, de nada adianta a mãe zelosa querer ensinar o "português correto" se seu filho insiste em dizer *"Eu fazi"*, *"Ele sabeu"*: a criança simplesmente não reage a essas correções, ela não as ouve porque já tem uma regra deduzida e continuará com a sua maneira de falar até descobrir que os verbos irregulares têm suas formas específicas.

A aquisição dos fenômenos gramaticais ainda precisa ser mais bem estudada. Mas sabe-se, por exemplo, que a aquisição das flexões verbais começa pelo imperativo e pelo infinitivo e passa por um processo complexo até o correto uso de tempo, aspecto, número e pessoa. Assim, as primeiras manifestações do presente progressivo (ou contínuo) aparecem aproximadamente aos 22 meses, sem o auxiliar: *"Papá dumindo"* = "O papai está dormindo". Posteriormente, por volta dos 26 meses, a criança começa a usar a forma *estar + gerúndio*.

Em síntese, o processo de aquisição da língua materna se dá de acordo com os estágios bem diferenciados – pelos quais passam todas as crianças – e é sensível à complexidade estrutural da linguagem.

Quadro 3.4 – Cronologia do desenvolvimento linguístico

Desenvolvimento linguístico	Cronologia aproximada
Choro reflexo	Do nascimento às 8 semanas
Arrulhos e riso	Dos 2 aos 6 meses
Balbucio	Dos 4 aos 18 meses
Palavras isoladas	Dos 12 aos 18 meses
Frases de duas palavras	Dos 18 aos 24 meses
Desenvolvimento sintático	Dos 2 anos aos 4 anos
Aquisição completa da linguagem	Dos 5 aos 10-12 anos

Entretanto, o desenvolvimento da linguagem não se restringe apenas à aquisição da estrutura da língua. Embora muito do nosso conhecimento da linguagem seja tácito, uma consciência sobre as unidades e os processos linguísticos é essencial para a leitura, a escrita, o entendimento das metáforas, do humor e de muitos outros aspectos relativos aos usos e funções da linguagem.

A consciência linguística também está relacionada com as formas de uso da linguagem em situações sociais específicas e concretas. As crianças começam a adquirir a linguagem em um contexto "pessoa a pessoa". Aos poucos elas aprendem que a linguagem é um "mecanismo" que permite lidar com os mais variados tipos de pessoas nos mais variados tipos de situações. Esse processo de expansão da dimensão social da linguagem acontece durante todo o período de aquisição, mas é especialmente saliente nos últimos anos da idade pré-escolar e no começo da idade escolar. Nessa fase, as crianças são cada vez mais expostas à vida em sociedade e vão se tornando habilidosas em usar regras de comunicação em diferentes contextos e situações e com diferentes interlocutores. No entanto, já por volta de 2 ou 3 anos de idade, as crianças começam a se dar conta de que uma conversa "de verdade" é estruturada por turnos sucessivos e que cada um dos interlocutores precisa esperar o seu. Elas aprendem também que cada réplica sua deve ser, de alguma maneira, relacionada com o enunciado anterior de seu interlocutor. Assim, as crianças começam a desenvolver a competência pragmática e a usar construções gramaticais apropriadas para conseguir os efeitos que desejam sobre seus interlocutores. Aos 4 anos de idade, as crianças já conseguem adaptar sua maneira de falar ao interlocutor – quando falam, por exemplo, com uma criança de 2 anos, usam sentenças mais simples e mais curtas, ao passo que, quando falam com um adulto, suas sentenças são mais longas e mais complexas.

O aumento da flexibilidade comunicacional é paralelo ao aumento da consciência linguística e talvez influenciado por esta. Quando as crianças se tornam conscientes dos múltiplos usos da linguagem, elas se tornam mais capazes de adaptar sua fala ao contexto.

Neste ponto é importante acrescentar que a aquisição da linguagem não depende da inteligência da criança e que existe uma dissociação bem marcada entre suas capacidades cognitivas e linguísticas. Existem registros de casos de crianças com com problemas cognitivos gerais muito graves, tais como hidrocefalia interna, síndrome de Williams e síndrome de Down, que conseguiram alcançar níveis aceitáveis e até altos de desenvolvimento da linguagem. São descritos também casos contrários: crianças com as capacidades cognitivas perfeitamente preservadas e as linguísticas alteradas.

Assim, quando a criança se encontra em condições normais, nos sentidos biológico e social, a aquisição se completa aos 10-12 anos de idade, e a idade de 13-14 anos é chamada de *período crítico*, que limita a possibilidade de surgimento e desenvolvimento da linguagem. Esse período vai desde o nascimento até a puberdade, sendo que após essa idade os seres humanos não seriam capazes de adquirir a linguagem de uma maneira completa e normal.

Podem ser listadas algumas provas relacionadas à existência de um período crítico para a aquisição da linguagem. A primeira diz respeito à aprendizagem de uma segunda língua. Na maioria dos casos, quando acontece em idade adulta, essa aprendizagem exige do aprendiz esforços muito grandes com resultados relativamente mais pobres. Ao mesmo tempo, a dificuldade dessa tarefa é um indício de que a aquisição da linguagem não depende das capacidades cognitivas dos indivíduos, visto que os adultos dispõem de mais conhecimentos de vários tipos e de maior número de estratégias cognitivas e mesmo assim se mostram menos competentes para chegar a assimilar uma segunda língua com sucesso.

Outra prova da existência do período crítico para adquirir linguagem se encontra nos limitados progressos no domínio de uma língua em crianças que foram privadas de experiências linguísticas por razões de isolamento social. Existem registros de casos de crianças raptadas por lobos e macacos, de crianças mantidas pelas próprias famílias em condições subumanas e até desumanas: presas em porões ou caixotes, amarradas e sem receber qualquer manifestação verbal e proibidas de se manifestarem. Quando essas crianças são encontradas e devolvidas ao convívio humano em tenra idade, elas podem atingir o desenvolvimento normal da linguagem. Mas, quanto mais velhas são essas crianças, menos sucesso linguístico elas alcançam. Os adolescentes com mais de treze anos e adultos que não tiveram chance de adquirir a linguagem, mesmo com os esforços de equipes de especialistas, chegam ao relativo domínio de algumas dezenas ou centenas de palavras e sua fala se mostra agramatical, como nos exemplos que seguem:

"Maçãs comprar loja"
"G. ter mamãe ter bebê cresce"
"O pequeno um o chapéu"
"Laranja Pedro carro em"

Esses dados parecem confirmar a hipótese de que o desenvolvimento da linguagem é equiparável aos comportamentos biologicamente programados ou, conforme a tese de

Chomsky, a capacidade linguística é inata e se constitui no conhecimento da gramática universal, com seus princípios e parâmetros. Lembremos que, de acordo com as ideias da gramática gerativa chomskyana, a faculdade linguística estaria dividida em duas partes: de um lado, os princípios, que são universais e explicam as semelhanças entre as línguas; de outro, os parâmetros, que, embora também universais, têm valores específicos para cada língua ou grupo de línguas, o que explica as diferenças.

Figura 3.1 – Esquema da transição da gramática universal para a gramática particular

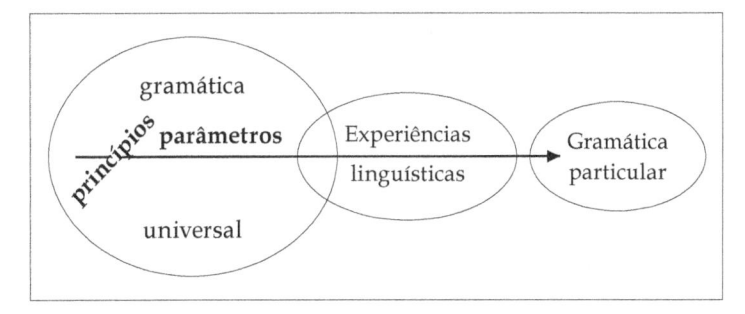

princípios → gramática parâmetros universal → Experiências linguísticas → Gramática particular

Fonte: Anula Rebollo, 2002, p. 32.

O "manhês"

É muito comum a ideia de que nos primeiros anos de sua vida a criança passa por uma espécie de curso intensivo de sua língua materna, tendo nas figuras de seus pais e possivelmente avós os dedicados e abnegados professores. Entretanto, como vimos, existem dados que mostram que todas as crianças, independentemente da sua língua materna, de suas condições sociais e culturais, passam pelas mesmas etapas da aquisição da linguagem. Então, teríamos que supor que todos os pais seguem o programa organizado e coerente do ensino de línguas maternas! Ora, definitivamente essa ideia não pode ser verdadeira pelas seguintes razões:

a) nem todos os pais são tão preocupados com o desenvolvimento linguístico de seus filhos, por não terem tempo e dedicação suficientes e/ou devido à sua condição social;

b) mesmo os pais mais abastados, conscientes e dedicados não conseguiriam passar a seu filho todas as amostras das combinações linguísticas possíveis na língua em questão;

c) como vimos, as crianças são insensíveis às correções feitas pelos seus pais.

No entanto, foi demonstrado que os pais possuem uma espécie de "manual de estilo" para falar com seus filhos. Esse "manual", conhecido pelo nome de "manhês", é usado pelos pais – e principalmente pelas mães – quase no mundo inteiro ao falarem com seus filhos pequenos e, à medida que estes vão crescendo, é abandonado e substituído pela linguagem comum. É importante observar que as modificações próprias do "manhês" em relação à linguagem comum não parecem ser feitas conscientemente pelos adultos. Essas modificações características são as seguintes:

- A pronúncia é mais cuidada, tem timbre elevado, entonação exagerada e um ritmo mais lento que o habitual, com as pausas mais longas e mais numerosas.
- Os enunciados são até três vezes mais breves que os habitualmente usados nas conversas entre adultos; é empregado um menor número de sentenças subordinadas/encaixadas por enunciado; são formulados mais enunciados sem verbo e um menor número de formas verbais.
- O léxico contém um número limitado de palavras, que são repetidas, e exibe uma abundância de diminutivos;

são empregadas mais palavras de conteúdo e menos palavras funcionais.

- O discurso focaliza as circunstâncias do "aqui" e "agora" que são pertinentes para a criança; são utilizadas mais sentenças imperativas e mais repetições completas ou parciais; existe abundância de sentenças interrogativas formadas com as palavras interrogativas *quem, que, onde* etc., que são bem complexas pela sua estrutura sintática, o que contraria a ideia muito comum de que o "manhês" seria uma língua simplificada.

Abordagens teóricas da aquisição da linguagem

Os psicolinguistas que estudam o processo da aquisição da linguagem descreveram muitos fatos e propuseram muitas explicações desse fenômeno complexo, que, mesmo assim, ainda parece "mágico" e "misterioso". Uma teoria global e consistente da aquisição da linguagem deve dar conta tanto do comportamento linguístico de crianças em qualquer ponto do desenvolvimento como dos processos responsáveis por esse desenvolvimento. Podemos caracterizar as abordagens, as perspectivas teóricas que existem atualmente, que competem entre si e acolhem as teorias menores, "pontuais", as quais explicam e modelam certos conjuntos de fatos, como o desenvolvimento lexical em crianças pequenas com síndrome de Down ou a aquisição da morfologia de línguas diferentes. Para buscarmos entender e analisar as semelhanças e as diferenças entre as perspectivas teóricas existentes, iremos nos basear nas seguintes distinções fundamentais propostas por Berko Gleason (1989): estruturalismo *versus* funcionalismo, competência *versus performance* e inatismo *versus* empirismo.

Estruturalismo *versus* funcionalismo

Uma descrição estrutural do comportamento, verbal ou não, procura descobrir os processos invariantes, nos quais se baseiam os dados observáveis. As regras de gramática postuladas por Chomsky, a quem já nos referimos várias vezes, ou as regras comportamentais baseadas no mecanismo de estímulo-resposta, de John Watson e Burrhus Frederic Skinner, que se aplica a todos os comportamentos, humanos ou não, e supõe que todo estímulo desencadeia uma resposta, são exemplos de estruturas que permitiriam explicar o comportamento observável. Já as abordagens funcionais de comportamento buscam estabelecer relações entre as variáveis situacionais e a linguagem. O objetivo desse tipo de enfoque é a descrição e a previsão do comportamento verbal em diferentes contextos e entre diferentes indivíduos.

Podemos ilustrar essa diferença entre as perspectivas estrutural e funcional com um exemplo. Uma criança diz: *"Quero água"*. Os estruturalistas analisarão a forma da sentença e descobrirão que ela está estruturada de acordo com a ordem canônica (básica) da língua portuguesa (sujeito-verbo-objeto) e contém o sujeito *eu*, que não aparece no enunciado, mas está presente na estrutura, exigindo a concordância com o verbo na primeira pessoa do singular (*quero*), seguido do objeto *água*. Essa análise levará os estruturalistas a concluírem que, uma vez que a criança sabe a regra básica, ela será capaz de criar e produzir um número infinito de sentenças do mesmo tipo.

Já os funcionalistas examinarão a situação em que o enunciado *"Eu quero água"* ocorreu. Eles se aterão ao fato de que a ocorrência do enunciado está determinada pelo contexto (a presença da mãe) e pelas consequências que o enunciado desencadeia: receber – ou não – um copo de água. A estrutura exata do enunciado pode não ser importante, mas são importantes os recursos linguísticos escolhidos ou os recursos que a criança tem à disposição nessa etapa de seu desenvolvimento para fazer seu pedido.

O que podemos notar é que, diante do mesmo enunciado, estruturalistas e funcionalistas descrevem aspectos diferentes do comportamento verbal: os estruturalistas enfatizam a estrutura gramatical, a sintaxe, enquanto os funcionalistas explicam o uso pragmático, social da linguagem. Parece claro que nenhuma das duas perspectivas explica totalmente o comportamento linguístico da criança e que, de certo modo, elas são complementares.

Competência *versus performance*

A competência refere-se ao conhecimento individual da linguagem, das suas regras estritamente linguísticas: fonológicas, morfossintáticas, semânticas e lexicais. A *performance* diz respeito ao uso real da linguagem. Se o pesquisador prioriza o conceito de competência, ele deve ser muito cuidadoso com os enunciados que escolhe para determinar as regras gramaticais, porque os enunciados reais podem conter alguns "deslizes" e "erros" naturais na fala espontânea. Nas pesquisas linguística e psicolinguística, apenas os estruturalistas se preocupam unicamente com a competência. Os funcionalistas são mais concentrados nos dados reais do uso da linguagem.

Inatismo *versus* empirismo

Essa distinção diz respeito às escolhas do pesquisador: se ele privilegia as características biológicas, genéticas com as quais a criança vem ao mundo ou, então, se dá mais importância às condições sociais: meio social, educação, cultura etc. Os inatistas afirmam que a linguagem é complexa demais para ser aprendida por meio de quaisquer dos recursos de aprendizagem que conhecemos, como a imitação, e que por isso alguns aspectos fundamentais da linguagem devem ser inatos. Os empiristas, pelo contrário, dão mais peso ao ambiente em que a criança está inserida. Para eles, não existem diferenças essenciais entre a linguagem e outros tipos de comportamento humano. A aprendizagem de uma língua é, então, sujeita a todos os princípios de aprendizagem que começam com o estudo dos comportamentos mais simples dos organismos mais simples.

É verdade que os estudiosos da linguagem normalmente não aderem a alguma posição extrema quanto às capacidades, aos conhecimentos e aos comportamentos inatos ou aprendidos.

As abordagens teóricas que propõem explicações de como as crianças aprendem a linguagem podem ser organizadas em três grupos: behavioristas (comportamentistas), "linguísticas" e interacionistas. Examinemos a seguir essas três propostas centrais.

Abordagens behavioristas

Como perspectiva teórica, o behaviorismo possui a característica de levar em conta apenas os aspectos comportamentais observáveis e mensuráveis, evitando quaisquer possibilidades de explicações mentalistas do comportamento verbal, tais como intenções ou o conhecimento implícito (internalizado) de regras gramaticais: a competência. Os behavioristas procuram registrar condições observáveis do meio (estímulos) que predizem comportamentos verbais específicos (respostas). Eles não negam a existência de mecanismos internos e reconhecem que o comportamento observável tem uma base psicológica interna. O que os behavioristas rejeitam é a existência de estruturas ou processos internos que não tenham correlatos físicos específicos, como as gramáticas internalizadas, e enfatizam a *performance* sobre a competência linguística, justamente porque a competência seria um conhecimento separado do comportamento observável. Pela mesma razão, os behavioristas não aceitam até mesmo as categorias linguísticas tradicionais, tais como sentença, verbo, advérbio etc.

O desenvolvimento da linguagem, que, para os behavioristas, não é nada mais que a aprendizagem do comportamento verbal, é entendido como uma aprendizagem das associações entre estímulos e respostas com adição de vários reforços e punições proporcionados pelos agentes do ambiente (por exemplo, os pais). Nessa perspectiva, pais e professores treinam crianças para estas executarem comportamentos verbais adequados. Os adultos oferecem a elas exemplos de fala adulta para serem imitados, como em: *"Tchau. Diga 'tchau' pra titia. Que bonito! Ele falou 'tchau'!"*. Ao ter executado o comportamento correto, a criança recebe um elogio, um reforço. Os behavioristas reconhecem que, ao longo do desenvolvimento da linguagem infantil, aumenta a complexidade das unidades de resposta. As combinações de palavras compõem unidades maiores que vão formando esquemas – mas não regras! – gramaticais. Como já mencionamos, os behavioristas não reconhecem a existência de regras que formariam a competência linguística, assim como não reconhecem intenções e significados: a aprendizagem do comportamento verbal se resume em treinamento com base em certos estímulos do ambiente que provocam e reforçam certas respostas e inibem outras.

Muitos psicolinguistas, ao contestarem a posição behaviorista, argumentam que, em situações reais, os pais normalmente não se comportam como cuidadosos e eficientes professores da língua e, mesmo quando o fazem, se a criança não apresenta uma maturação suficiente, o treinamento não funciona a contento. Vejamos um exemplo de tal treinamento infeliz:

> Criança: *Ninguém não gosta de mim.*
> Mãe: *Não. Diga: "Ninguém gosta de mim".*
> Criança: *Ninguém não gosta de mim.*
> (O diálogo se repete oito vezes)
> Mãe: *Agora me escuta bem. Diga: "Ninguém gosta de mim".*
> Criança (chorando): *Ninguém não gosta de mim! Nem você não gosta de mim!!*

Com certeza, cada leitor poderá lembrar vários casos semelhantes ao do nosso exemplo. Entretanto, como já dissemos, é bastante raro os pais corrigirem a forma gramatical do enunciado de seu filho. O mais comum é os pais reagirem com réplicas como *"Muito bom!"* ou *"Isso mesmo"*, quando o conteúdo do enunciado da criança é verdadeiro ou está de acordo com os princípios éticos adotados pela família, mesmo se a forma desse enunciado fere a gramaticalidade. E, pelo contrário, os pais dizem *"Não"* ou *"Está errado"*, quando o conteúdo do enunciado é falso ou eticamente incorreto do seu ponto de vista, mesmo apresentando uma forma gramaticalmente impecável.

Abordagens linguísticas

As abordagens que por convenção são chamadas de *linguísticas* se fundamentam nas ideias gerativistas. Entretanto, não queremos dizer que todos os estudiosos da linguagem seguem todos os postulados dos ensinamentos de Chomsky: de fato, existem várias correntes teóricas dentro da ciência da linguística. Essas abordagens assumem que a linguagem tem uma estrutura, uma gramática, que independe do uso da linguagem e assumem também que todos os falantes nativos adultos têm o conhecimento das regras dessa gramática e que estas não precisam ser ensinadas. Os falantes podem não se dar conta desse conhecimento e não ser capazes de descrever as regras. Nessa perspectiva, a aquisição da linguagem nada mais é que o processo de descoberta pela criança das regras de sua língua materna. Por isso, é necessário assumir que a linguagem tem uma base genética muito forte, o que explicaria a rapidez da aquisição da linguagem. Ao contrário dos behavioristas, os linguistas argumentam que os dados linguísticos proporcionados pelo ambiente são insuficientes para que a gramática possa ser descoberta pelos princípios de aprendizagem.

Os linguistas postulam a existência de uma capacidade linguística inata, chamada pelo gerativismo chomskyano de *dispositivo de aquisição da linguagem*, que contém os princípios universais da estrutura de qualquer língua humana. Esse dispositivo permite à criança exposta a uma língua deduzir seus parâmetros e regras específicas.

A abordagem linguística minimiza os efeitos de ambientes linguísticos variados e diferentes, afirmando que o ambiente serve apenas como um desencadeador do dispositivo da aquisição da linguagem e que esse dispositivo permite construir a gramática a partir de qualquer apresentação linguística do ambiente, seja ela abstrata, complexa ou cheia de erros. Entretanto, foi observado que crianças expostas à linguagem "apenas" assistindo à televisão sem ter outras fontes linguísticas adquirem um número menor de formas e regras da língua, pois, tal como em casos já mencionados de crianças de alguma maneira privadas do convívio social, elas não têm possibilidades de interação verbal. Isso quer dizer que a afirmação dos linguistas gerativistas de que a simples exposição à linguagem seja suficiente para o desenvolvimento linguístico normal pode ser falsa. Foi observado também que a aquisição de algumas regras gramaticais mais complexas pode acontecer até mesmo na idade adulta, ou seja, passada a chamada *idade crítica*.

Por último, vale a pena mencionar que o postulado de Chomsky de que a linguagem é específica do gênero humano devido à existência do dispositivo da aquisição da linguagem próprio da espécie é controverso. Os numerosos estudos e experimentos feitos com chimpanzés e gorilas mostraram que esses primatas são capazes de aprender vários sistemas de comunicação, inclusive a linguagem dos surdos, adquirindo o léxico e as regras gramaticais compatíveis com as de uma criança de aproximadamente 2 anos e meio. Assim, é possível assumir, ao contrário dos linguistas seguidores da posição chomskyana, que a linguagem humana é apenas a ponta de um contínuo que é a comunicação simbólica.

Abordagens interacionistas

Como vimos, behavioristas e linguistas ocupam posições radicalmente opostas quanto aos postulados teóricos fundamentais. As abordagens interacionistas reconhecem e muitas vezes aceitam os argumentos mais fortes de ambos os campos. Os interacionistas assumem que muitos fatores interdependentes – biológicos, sociais, linguísticos, cognitivos etc. – afetam o curso do desenvolvimento: tanto os fatores sociais ou cognitivos podem modificar a aquisição da linguagem, quanto a aquisição, por sua vez, pode modificar o desenvolvimento cognitivo e social.

Analisemos dois tipos principais de abordagens interacionistas: o interacionismo cognitivo de Jean Piaget e sua escola e o interacionismo social de Lev Vygotsky e seus seguidores.

Interacionismo cognitivo ou construtivismo

Os estudos de Jean Piaget compartilham muitas características importantes com a abordagem linguística da aquisição da linguagem: enfatizam as estruturas internas como determinantes do comportamento e concordam sobre a natureza da linguagem como um sistema simbólico para a expressão da intenção e sobre a distinção entre competência e desempenho. Entretanto, existem também algumas fortes diferenças teóricas entre as duas perspectivas. A mais importante dessas diferenças é que, para Piaget, a linguagem não é independente das outras habilidades humanas que surgem como resultado do amadurecimento cognitivo. Assim, ao contrário de Chomsky, Piaget postula que as estruturas linguísticas não são inatas. Contudo, ao contrário de Skinner, para Piaget, a linguagem tampouco é aprendida: as estruturas linguísticas "emergem" como resultado da interação incessante entre o nível do funcionamento cognitivo da criança em uma certa etapa de seu desenvolvimento e seu ambiente, tanto linguístico como extralinguístico. Devido a essa concepção da aquisição da linguagem, a abordagem piagetiana é conhecida como *construtivismo*, que é oposto tanto ao inatismo estrito (linguístico) como ao empirismo. Essa abordagem sugere que a linguagem é apenas uma das expressões de um conjunto geral das atividades cognitivas humanas. Por isso, o desenvolvimento do sistema cognitivo deve ser considerado um precursor necessário da linguagem. Assim, para explicar o desenvolvimento da linguagem, os construtivistas precisam identificar a sequência de amadurecimento cognitivo, do qual a linguagem deriva.

Por outro lado, entre as posições linguísticas e as construtivistas existem divergências quanto aos dados relevantes para explicar a aquisição da linguagem pela criança. A maioria dos linguistas insiste apenas na importância da competência linguística, enquanto, para os piagetianos, a *performance*, com suas limitações naturais, também fornece dados importantes.

Por último, existem algumas evidências que contrariam os postulados piagetianos. Vários psicolinguistas identificaram situações nas quais as capacidades linguísticas e cognitivas parecem separáveis. Assim, crianças com alguns sérios retardos mentais que se saem pessimamente em tarefas cognitivas podem exibir padrões linguísticos normais. Também crianças com graves deformidades anatômicas, que prejudicam o desenvolvimento sensório-motor tido como precursor do desenvolvimento cognitivo e linguístico, chegam a desenvolver normalmente tanto a cognição como a linguagem. Em resumo, a afirmação construtivista de que o desenvolvimento cognitivo determina o linguístico precisa ser mais testada empiricamente.

Sociointeracionismo

Essa abordagem combina vários aspectos das perspectivas behaviorista e linguística. Os sociointeracionistas concordam com os linguistas quanto ao postulado de que a linguagem humana tem uma estrutura e certas regras que a diferenciam de outros tipos de comportamento. Ao mesmo tempo, tal como os behavioristas, eles privilegiam o papel do ambiente, das funções sociocomunicativas da linguagem na produção dessa estrutura. Por outro lado, uma estrutura linguística mais madura e sofisticada permite variar de modo mais sofisticado o relacionamento social.

Para behavioristas, crianças são "receptores" passivos do treinamento linguístico e o resultado do desenvolvimento da linguagem se deve exclusivamente a esse treinamento. Na abordagem linguística, a criança é ativa e vista como um "pequeno cientista" que analisa a fala dos outros e descobre as regras gramaticais. A criança piagetiana interage com o ambiente de acordo com as possibilidades cognitivas próprias do estágio de desenvolvimento em que se encontra para "se construir" e passar ao estágio seguinte.

Já para os sociointeracionistas, a criança e seu ambiente de fala representam um sistema dinâmico: a criança se beneficia do ambiente e, ao mesmo tempo, exige dele mais dados necessários para se desenvolver linguisticamente. Tal como os linguistas, os sociointeracionistas entendem que o desenvolvimento linguístico da criança fundamentalmente se caracteriza pela aquisição das regras gramaticais, mas, nessa perspectiva, presume-se que essas regras podem ser aprendidas dentro do contexto social por associações e imitações. Os sociointeracionistas reconhecem que os seres humanos são fisiologicamente especializados para o uso da linguagem e que a criança só pode adquirir a linguagem quando atinge um certo nível do desenvolvimento cognitivo. Por outro lado, é o ambiente que oferece para a criança os tipos de experiência linguística necessários para seu desenvolvimento e, assim, a interação social se torna vital para a aquisição da linguagem.

A principal força da abordagem sociointeracionista é sua natureza eclética. Nessa concepção, a linguagem emerge a partir de um jogo complexo entre as capacidades cognitivas e linguísticas da criança e seu ambiente linguístico-social.

Atividades

1. Como você pode interpretar o que uma criança de um ano e meio quer dizer com uma única palavra? Que procedimentos você pode usar nesse caso?

2. Por que o papel do ambiente linguístico poderia ser diferente na aquisição do léxico e na aquisição de sentenças?

3. Que papel desempenha o desenvolvimento cognitivo na aquisição de palavras relacionais?

4. Quais são os posicionamentos do behaviorismo, da linguística (chomskyana), do interacionismo cognitivo e do sociointeracionismo quanto às dicotomias examinadas: estruturalismo/funcionalismo, competência/*performance* e inatismo/empirismo? Faça um esquema ilustrativo.

Compreensão e produção da linguagem

Os estudos da percepção, da compreensão e da produção da linguagem mostram até que ponto são complexos os processos implicados nestas atividades. Neste capítulo, descreveremos as diferenças existentes entre as modalidades oral e escrita da linguagem quanto à percepção, à compreensão e à produção linguística. A seguir, apresentaremos alguns modelos propostos por psicolinguistas para explicar a compreensão, a produção da fala e o armazenamento do vocabulário na

Os estudos da percepção, da compreensão e da produção da linguagem mostram até que ponto são complexos os processos implicados nessas atividades. Neste capítulo, descreveremos as diferenças existentes entre as modalidades oral e escrita da linguagem quanto à percepção, à compreensão e à produção linguística. A seguir, apresentaremos alguns modelos propostos por psicolinguistas para explicar a compreensão e a produção da fala e o armazenamento do vocabulário na mente humana. Finalmente, trataremos de algumas peculiaridades da percepção e da compreensão da escrita, bem como das pesquisas desenvolvidas nessa área da psicolinguística.

Linguagem oral e linguagem escrita

Quando nos referimos à linguagem, normalmente pensamos na fala, visto que esta é a modalidade mais usual de comunicação, a modalidade que adquirimos de forma natural sem a necessidade de uma aprendizagem programada externamente. Entretanto, sabemos também que a linguagem escrita, embora tenha surgido recentemente na história da humanidade, tornou-se indispensável na sociedade atual.

A psicolinguística está interessada em ambos os tipos de linguagem, mas, paradoxalmente, a linguagem escrita foi estudada muito mais que a oral. Esse desequilíbrio se deve principalmente à metodologia: de fato, é mais fácil preparar e realizar os experimentos nos quais os elementos linguísticos são apresentados por escrito (no papel ou na tela do computador) do que quando são orais. No entanto, os psicolinguistas consideram que uma boa parte dos resultados obtidos com material escrito são aplicáveis à linguagem oral, pois nas duas modalidades muitos processos são compartilhados. Em ambos os casos, podemos falar de uma codificação fonológica do que é comunicado, de processos de reconhecimento de palavras, de acesso ao significado lexical, de processamento morfológico e sintático de sentenças, de fenômenos associativos entre palavras ou expressões maiores e de processos de integração de significados do discurso. Mas, mesmo assim, não podemos esquecer que existem diferenças importantes entre a linguagem oral e a escrita que podem determinar processos específicos de cada modalidade. Vejamos algumas dessas diferenças, limitando-nos aos processos de compreensão.

A compreensão da linguagem oral exige que ocorra um processamento ao mesmo tempo em que é produzida e ainda na mesma velocidade imposta pelo falante. Assim, escutar uma pessoa que fala muito rápido exige um processamento também mais rápido. Em situações extremas (quando se trata de um assunto complexo ou quando não dominamos muito bem a língua em que nos falam), podem surgir dificuldades de compreensão. Já o texto escrito normalmente está disponível para o processamento tantas vezes quantas precisamos e na velocidade que desejamos.

A natureza da linguagem oral é acústica, enquanto a linguagem escrita consiste de formas visuais. As diferentes modalidades sensoriais provocam diferenças nos primeiros estágios do processamento, o que não quer dizer que a modalidade auditiva seja mais "fácil", pois os padrões fonêmicos não estão localizados nos sinais acústicos, mas sim em categorias "extraídas" desses sinais.

Na linguagem escrita, as palavras são quase sempre separadas de modo explícito, por espaços em branco. Da mesma maneira, em princípio, as unidades fonológicas (as letras) são entidades discretas. Já na linguagem oral, não existem essas separações: tanto os sons como as palavras apresentam um contínuo.

A linguagem oral contém vários indícios prosódicos que estão ausentes na escrita. Ao ler um texto, o leitor precisa reconstruir os traços prosódicos com base na pontuação e também em seu conhecimento de mundo. A prosódia traz informações sobre as emoções do falante (alegria, medo, receio etc.), suas atitudes proposicionais (dúvida, segurança etc.) ou suas intenções (ironia, sarcasmo etc.). Em um texto escrito, essas informações expressivas precisam de formulações mais explícitas.

Quando falamos, geralmente existe um contexto sensorial e perceptivo que contribui para a compreensão da fala. Compartilhamos o mesmo cenário visual e auditivo, registramos as expressões faciais e as ações dos nossos interlocutores. É por isso que na fala são abundantes os elementos dêiticos (*eu, você, aqui, agora, isto, aquele* etc.), que ganham significado devido ao contexto compartilhado. A escrita obriga o indivíduo a descrever o contexto extralinguístico, que, embora não compartilhado fisicamente, pode facilitar a compreensão.

Na fala existe uma interação direta entre dois ou mais interlocutores. Normalmente os papéis de falante e ouvinte são alternados e a comunicação face a face fica estruturalmente truncada. Por outro lado, tanto o escritor como o leitor realizam uma tarefa solitária, visto que interagem com o texto e não com pessoas.

Por tudo isso, os resultados obtidos nas pesquisas com a linguagem escrita não podem ser generalizados e a psicolinguística precisa de mais estudos sobre o processamento da linguagem em ambas as modalidades.

Uma grande variedade de processos psicológicos participa do processamento da fala oral e pode ser ilustrada, de uma forma bastante genérica, com a figura a seguir.

Figura 4.1 – Processos simplificados no processamento da fala oral

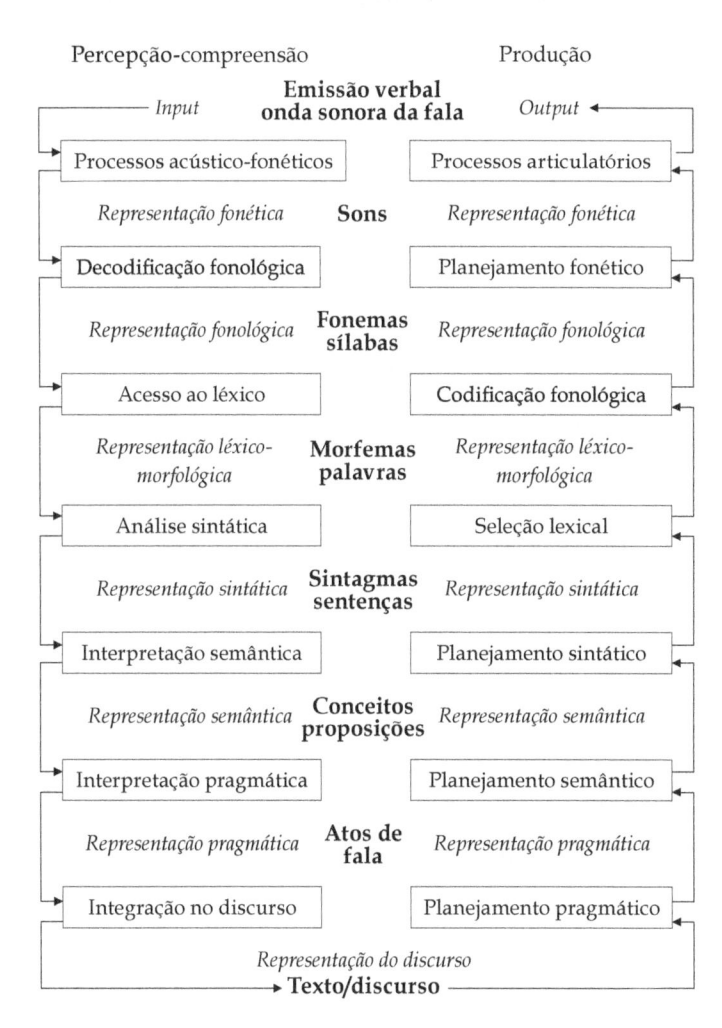

Percepção-compreensão		Produção
Input	**Emissão verbal onda sonora da fala**	Output
Processos acústico-fonéticos		Processos articulatórios
Representação fonética	**Sons**	*Representação fonética*
Decodificação fonológica		Planejamento fonético
Representação fonológica	**Fonemas sílabas**	*Representação fonológica*
Acesso ao léxico		Codificação fonológica
Representação léxico-morfológica	**Morfemas palavras**	*Representação léxico-morfológica*
Análise sintática		Seleção lexical
Representação sintática	**Sintagmas sentenças**	*Representação sintática*
Interpretação semântica		Planejamento sintático
Representação semântica	**Conceitos proposições**	*Representação semântica*
Interpretação pragmática		Planejamento semântico
Representação pragmática	**Atos de fala**	*Representação pragmática*
Integração no discurso		Planejamento pragmático
	Representação do discurso **Texto/discurso**	

Fonte: Adaptado de Anula Rebollo, 2002, p. 16.

Dada a complexidade desses processos, focaremos apenas os processos psicolinguísticos centrais.

Como já observado, a grande dificuldade para as ciências que estudam a mente humana e o processamento da fala consiste no fato de que esses fenômenos não são observáveis, o que obriga os psicolinguistas a elaborarem hipóteses que são testadas por meio da observação ou da simulação. As abordagens atuais das descrições do processamento linguístico se baseiam em três hipóteses: modular, conexionista e híbrida.

A concepção da mente **modular** entende que a mente humana não representa um todo unitário, mas se divide em vários componentes. Entre esses componentes poderiam figurar, por exemplo, o componente sintático para processar a gramática, o componente semântico para analisar significados, o componente lexical etc. Esses componentes funcionariam autonomamente e em sequência, da mesma maneira que a fala é processada por computador.

Os modelos **conexionistas** representam o processamento da fala como uma estrutura em rede. Os nós dessa rede se encontram conectados e o processamento acontece simultaneamente em vários nós, que interagem entre si. As conexões entre os nós podem ter graus variados de ativação ou bloqueio, e a ativação pode ser transmitida de alguns nós para outros.

Nos últimos anos têm aparecido várias tentativas de associar os modelos das redes de conexões com os sistemas modulares, produzindo modelos de sistemas **híbridos** de processamento da fala.

Modelos de produção da fala

Nas primeiras etapas da existência da psicolinguística, foram elaborados os modelos do processo comunicativo como um todo. Com base na teoria geral da comunicação eram estudados os processos de codificação e decodificação, ou seja, como as intenções dos falantes se transformam em sinais do código convencional em uma dada cultura e como esses sinais se transformam em interpretações nas mentes dos ouvintes. Com o advento do gerativismo de Chomsky, os psicolinguistas se concentraram no modelo da geração da fala de acordo com os princípios da gramática gerativa, testando a "realidade psicológica" da teoria. Hoje, como já foi dito, observa-se uma tendência à construção de modelos de tipo híbrido que enfocam a análise dos processos da produção da fala para chegar ao estudo da comunicação humana como tal.

Um dos modelos mais influentes da produção da fala é o de W. Levelt, que atualmente serve de referência para as discussões sobre o processamento linguístico e sua modelagem e também sobre a aquisição de segundas línguas. Levelt (1989) postula a existência de uma série de componentes no processamento, cada um dos quais recebe alguma informação (*input*) e libera algum produto (*output*). O *output* de um componente pode servir como *input* para outro componente.

Figura 4.2 – Modelo de produção da fala de Levelt (1989)

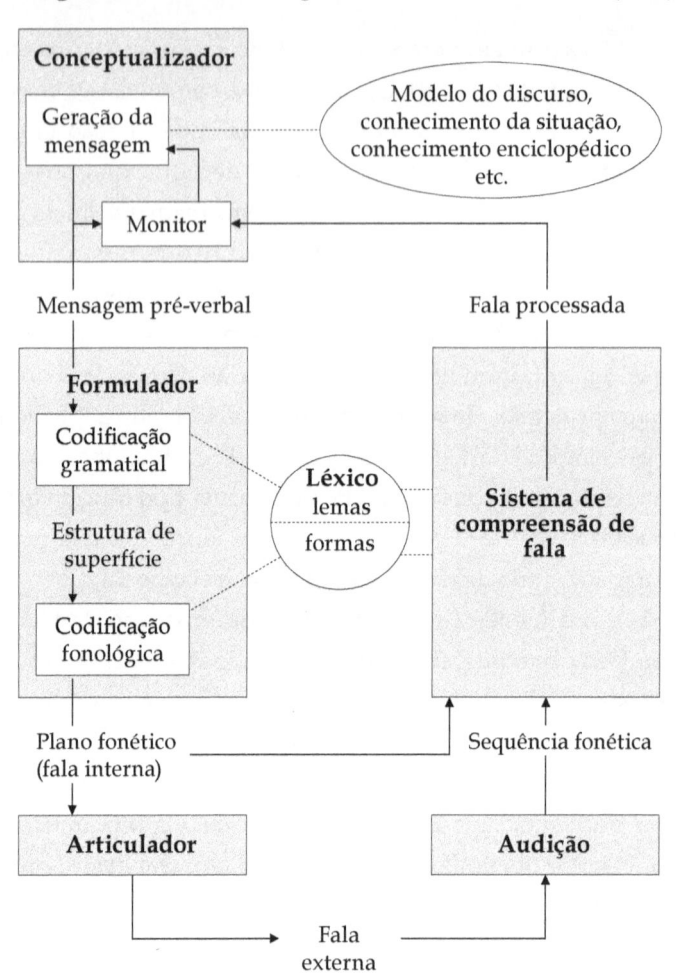

Conceptualizador
- Geração da mensagem
- Monitor
- Modelo do discurso, conhecimento da situação, conhecimento enciclopédico etc.

Mensagem pré-verbal — Fala processada

Formulador
- Codificação gramatical
- Estrutura de superfície
- Codificação fonológica

Léxico: lemas, formas

Sistema de compreensão de fala

Plano fonético (fala interna) — Sequência fonética

Articulador — **Audição**

Fala externa

Fonte: Adaptado de Levelt, citado por Zalévskaia, 2000, p. 221.

O processo de produção da fala inclui a intenção, a seleção e a ordenação da informação, sua conexão com o que foi dito anteriormente etc. Levelt chama esses processos mentais de *conceptualização* e o sistema que gera esses processos de *conceptualizador*. O produto final dos processos de conceptualização é uma mensagem pré-verbal.

Para codificar a mensagem, o falante deve ter o acesso a dois tipos de conhecimento. O primeiro deles é **procedimental** e permite formar a proposição, ou seja, o conteúdo da sentença e do enunciado. O procedimento é selecionado e extraído da memória de longo prazo para entrar na memória de trabalho (ou memória de curto prazo) e fica disponível para uso. Outro tipo de conhecimento é o **declarativo**. O falante tem acesso a um enorme volume de conhecimentos declarativos que são armazenados na memória de longo prazo: são os conhecimentos estruturados sobre o mundo e sobre si mesmo acumulados ao longo da vida (conhecimento enciclopédico). Existe também um conhecimento declarativo específico sobre a situação atual em que acontece o discurso: sobre o interlocutor, o lugar da conversação, o assunto etc. Além disso, o falante precisa observar o que foi dito por ele e pelo seu interlocutor durante a interação. Essa pequena parte do discurso, focalizada e controlada, também se encontra na memória de trabalho.

O sistema denominado *formulador* recebe a mensagem pré-verbal no seu *input* e a transforma no chamado *plano fonético* ou *articulatório*, ou seja, traduz uma certa estrutura conceptual em uma certa estrutura linguística. Isso se faz em dois passos. O codificador gramatical ativa os procedimentos que permitem acessar os lemas e os procedimentos das construções de estruturas sintáticas. A informação sobre os lemas é um conhecimento declarativo que está armazenado no léxico mental. Essa informação inclui o significado da unidade lexical, isto é, o conceito relacionado com a palavra. Um lema é ativado quando seu significado entra em concordância com uma parte da mensagem pré-verbal, o que, por sua vez, permite o acesso à sintaxe, ativando os procedimentos para a construção sintática. Como resultado, no *output* da codificação gramatical temos uma sequência de lemas gramaticalmente organizada. O segundo passo é a codificação fonológica. Sua função é extrair e/ou construir o plano fonêmico ou articulatório para cada lema e para o enunciado inteiro. Não se trata ainda de fala exteriorizada: o plano articulatório é uma representação interior da pronúncia do enunciado, ou seja, é uma espécie de programa para a sua articulação. O produto final do funcionamento do formulador representa o *input* para o chamado *articulador*. Esse componente extrai da fala interna sequências de blocos e as executa, ativando conjuntos de músculos. No *output* do articulador está a fala.

O modelo é interessante também porque leva em conta que o falante é ao mesmo tempo o ouvinte de si mesmo e tem o acesso simultâneo à sua fala interna e à externa. Para processar essas falas, o conceptualizador contém um componente chamado *monitor*. Alem disso, e para o falante ouvir sua fala e a fala do(s) outro(s), no modelo está incluído o componente *audição*. Por fim, a interpretação dos sons de fala como palavras e sentenças é realizada pelo denominado *sistema de compreensão da fala*, cujo produto é a fala processada. O sistema de compreensão da fala tem vários componentes que não estão contemplados pelo modelo porque constituem outro processo.

Armazenamento do léxico

Existem três principais abordagens para explicar o armazenamento e a organização mental do léxico. O modelo de rede hierárquica postula que armazenamos o nosso conhecimento das palavras em forma de uma rede semântica, em que algumas palavras são representadas nos nós mais altos da rede do que outras, como ilustrado pela figura a seguir.

Figura 4.3 – Um fragmento do modelo de rede hierárquica de informação semântica relacionada a animais

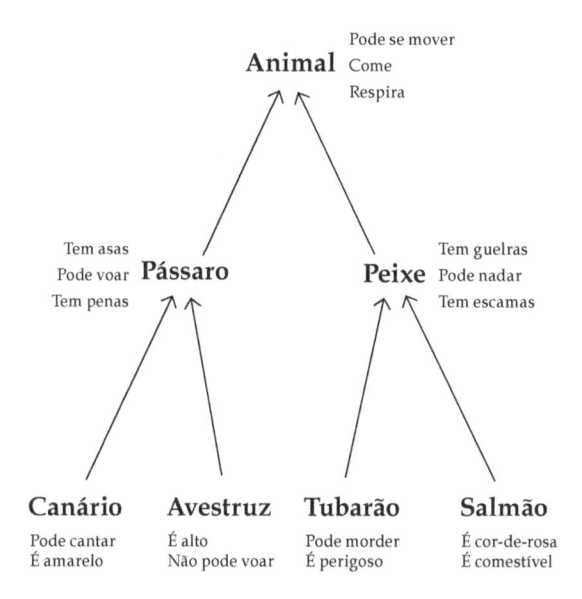

```
                    Animal   Pode se mover
                             Come
                             Respira

   Tem asas                        Tem guelras
   Pode voar  Pássaro      Peixe   Pode nadar
   Tem penas                       Tem escamas


Canário    Avestruz    Tubarão    Salmão
Pode cantar  É alto    Pode morder  É cor-de-rosa
É amarelo   Não pode voar  É perigoso   É comestível
```

Fonte: Adaptado de Collins; Quillian, citados por Carroll, 1986, p. 153.

A abordagem baseada em **traços semânticos** concebe a representação lexical como um trabalho de um conjunto de traços semânticos que se baseia na estrutura semântica binária do léxico.

Enquanto as abordagens e os modelos anteriores enfocam a informação estrutural no léxico, os modelos mais recentes reconhecem a necessidade de incorporar **atributos estruturais e funcionais** de palavras para chegar a um enfoque mais realístico do léxico. Assim, o modelo de **ativação por propagação** é uma revisão da perspectiva hierárquica que enfatiza a diversidade de relações semânticas dentro da rede.

Figura 4.4 – Um fragmento do modelo de ativação por propagação do conhecimento semântico

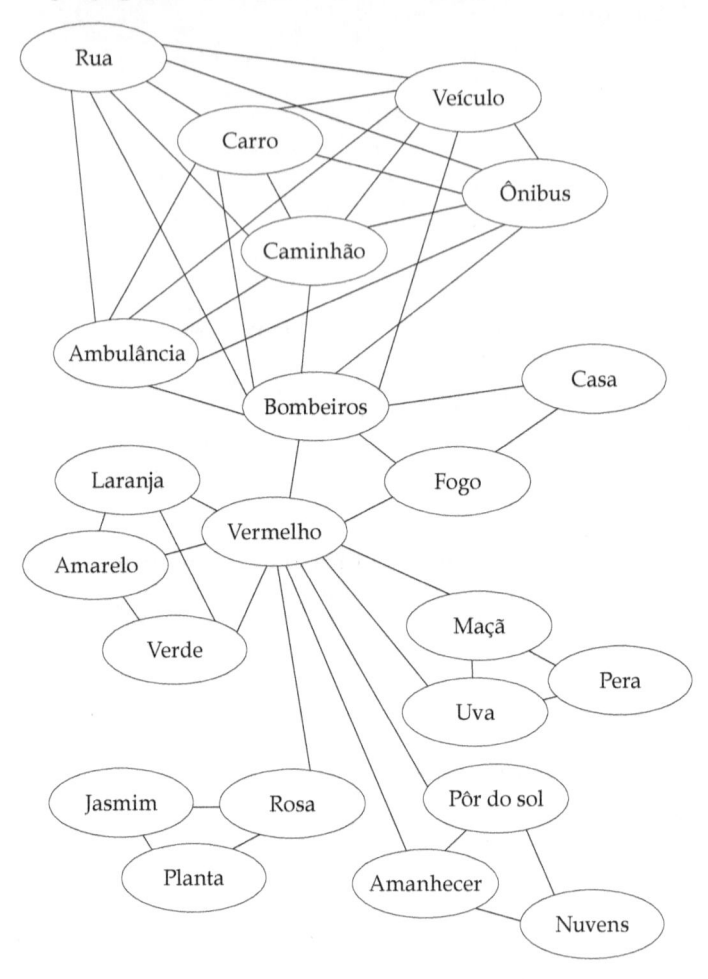

Fonte: Adaptado de Collins; Loftus, citados por Carroll, 1986, p. 158.

Modelos de compreensão da fala

Atualmente existem várias abordagens e modelos das principais etapas que analisam a compreensão do som/grafema relacionado ao sentido do enunciado/texto. Alguns desses modelos se concentram nas etapas específicas da tomada de decisões nos níveis acústico, fonético, fonológico, lexical, sintático, semântico e pragmático; outros enfocam a análise global do processo da percepção significativa da fala. Entretanto, todos os estudos coincidem na distinção de duas etapas principais: a **percepção da fala** e sua **compreensão**, o que não exclui o reconhecimento de uma interação constante entre os dois processos envolvidos.

Pode parecer que a compreensão da fala acontece instantaneamente, mas os estudos mostram que isso ocorre graças a um processamento complexo do sinal percebido ("de entrada") e reconhecido como um sinal significativo que chega em forma de uma cadeia de fala (sons) ou de uma sequência de grafemas. Sabemos que existe uma série de diferenças entre a percepção da fala sonora (audível) e a percepção da escrita (visível). Quando lemos, podemos controlar o tempo de recebimento da informação e segmentar o sinal de entrada com maior facilidade. O enunciado que percebemos auditivamente é mais rico no sentido de que inclui a prosódia (a entonação), é acompanhado pela mímica (gestos) e é inserido em uma situação concreta. Todas essas características facilitam a compreensão em uma interação face a face.

Vale a pena observar aqui que a percepção não constitui uma simples cópia da ação externa. Pelo contrário, a percepção é um processo ativo de conhecimento, intencional, dirigido à resolução de problemas. Durante esse processo, comparamos os objetos percebidos com as representações de objetos armazenadas na memória para que possamos fazer o reconhecimento. Por isso, podemos caracterizar a percepção como um **processo de categorização** em um sentido bastante amplo: da categorização de elementos isolados até a categorização significativa e mesmo ética baseada nas crenças, valores e normas sociais armazenados na nossa mente.

A compreensão linguística é um processo que consiste na interpretação de um ou mais enunciado(s) verbal(is) ouvido(s) ou lido(s). Quando ouvimos um enunciado, a nossa mente realiza uma série de procedimentos para analisar e interpretar tal enunciado. Em uma primeira etapa, precisamos decodificar fonologicamente o que foi percebido pela nossa audição para obtermos o acesso ao nosso "dicionário mental" e reconhecermos as palavras ouvidas. Simultaneamente procedemos à análise sintática, que completa a semântica. Por fim, fazemos a interpretação pragmática, que permitirá entender não só a mensagem contida no enunciado como também a sua intencionalidade. Não esqueçamos que passamos por todas essas etapas de compreensão inseridos em uma situação particular e com a nossa "bagagem" do conhecimento de mundo, nossos valores, crenças etc., o que também influi nas nossas percepções, reconhecimentos e interpretações.

Embora todos esses processos sejam muito complexos, eles são realizados pelos seres humanos em frações mínimas de segundo. Isso acontece porque não esperamos o enunciado ser completado para efetuar a análise, que ocorre enquanto o nosso interlocutor continua seu discurso. A defasagem entre a emissão de um enunciado e sua compreensão é de apenas uma ou duas sílabas.

Como mencionamos anteriormente, o reconhecimento de palavras é operado por meio de um "dicionário mental" que contém informações sobre a pronúncia e a escrita das palavras, sobre sua classe sintática e as indicações relativas a seu sentido (mas não a informação completa sobre o sentido, porque este se completa com os dados provenientes do contexto). Normalmente o reconhecimento se produz em duas etapas: 1) o acesso lexical, quando se escolhem vários candidatos e 2) o reconhecimento lexical propriamente dito, quando a mente se decide pelo candidato mais conveniente. Assim, por exemplo, para *come* em "*Teresinha come laranja*", podemos ter como candidatos *colhe, come, corta, cozinha, contempla*, porque eles apresentam sequências fônicas e significados bastante próximos em um dado contexto, e no fim ficamos com *come*. É verdade que podemos fazer uma escolha inadequada e, com isso, pode se instalar um mal-entendido.

Existe uma série de peculiaridades da compreensão de palavras que qualquer modelo deve conseguir explicar:
- o **efeito da frequência**: o fato de que as palavras mais frequentes encontradas nos discursos anteriores se reconhecem antes;
- o **efeito da inclusão**: o fato de que, no texto escrito, as letras que se encontram no interior da palavra são mais bem reconhecidas do que as letras iniciais e finais;
- o **efeito do contexto**, que favorece a compreensão;
- o **efeito da degradação**: a má audição ou visão – física ou devida a ruídos ou a manchas, rasgões ou outros defeitos no texto escrito – que dificulta a compreensão;
- o **efeito da analogia**, que leva a reconhecer palavras possíveis, embora não existentes na língua (por exemplo, pode ser reconhecida como palavra a sequência **gome* por existirem *come* e *gomo*, mas não **gvolme*).

John Morton (1979) propôs o modelo de acesso direto conhecido como *logogén*. Esse modelo, bastante influente, postula que toda informação perceptual (visual, se se trata de letras, e auditiva, se de sons) é armazenada diretamente nos compartimentos chamados de *logogéns*, que estabelecem correspondência biunívoca com as palavras ou morfemas que a pessoa conhece.

Figura 4.5 – Modelo de *logogén* de Morton (1979)

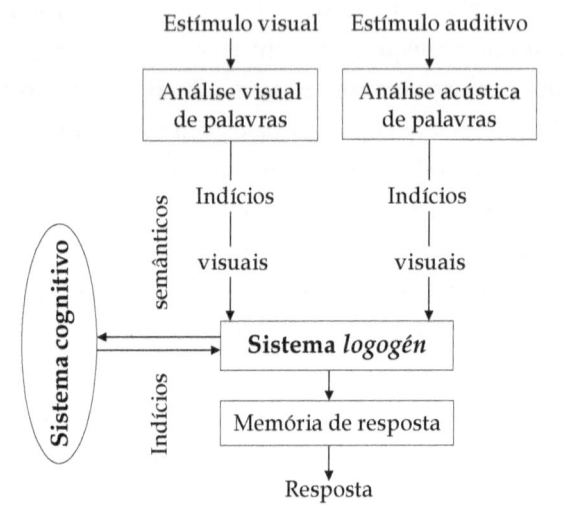

```
        Estímulo visual      Estímulo auditivo
              ↓                     ↓
        ┌──────────────┐     ┌──────────────┐
        │ Análise visual│     │Análise acústica│
        │  de palavras │     │  de palavras │
        └──────────────┘     └──────────────┘
              ↓                     ↓
            Indícios              Indícios
   semânticos│                     │
            visuais               visuais
              ↓                     ↓
  ╭─────────╮         ┌──────────────────┐
  │ Sistema │ ←────→  │ Sistema logogén  │
  │cognitivo│         └──────────────────┘
  ╰─────────╯                   ↓
         Indícios      ┌──────────────────┐
                       │Memória de resposta│
                       └──────────────────┘
                                ↓
                            Resposta
```

Fonte: Adaptado de Anula Rebollo, 2002, p. 53.

Os graus de sensibilidade potencial de cada *logogén* são diferentes: as palavras mais frequentes alcançariam o nível de saturação mais rapidamente que as demais (o efeito da frequência); graças ao contexto é possível sensibilizar certos traços do *logogén* antes de começar a busca (o efeito do contexto); a sensibilização desaparece depois de um certo tempo, o que explica o efeito analógico: durante algum período as sequências silábicas possíveis se mantêm ativas e criam a ilusão de serem uma palavra; os efeitos da inclusão e da degradação, nesse modelo, estão relacionados com a qualidade da audição (visão), mas a explicação é bastante frágil.

Para compreendermos sentenças, não apenas reconhecemos os sons e identificamos as palavras. Além dessas tarefas, realizamos outras que requerem a tomada de decisões durante a análise da estrutura de constituintes (componentes) da sentença. Esse processo cognitivo é chamado de *parsing*. Começamos a analisar a estrutura da sentença logo que vemos ou ouvimos as primeiras palavras. Estas ativam as estratégias de processamento de organização de palavras em sentenças. Mas a determinação da estrutura sentencial não é a única tarefa necessária para a compreensão de sentenças. Além de decidirmos se a sentença processada é aceitável gramaticalmente, temos que identificar o papel semântico de cada palavra na construção de um significado coerente da sentença como um todo. Precisamos também atribuir aos constituintes sintáticos um papel argumental (sujeito, objeto etc.) que identifique qual é sua relação semântica com o predicado sentencial. A soma dessas tarefas leva à compreensão da sentença, ou seja, atribuímos categorias gramaticais às palavras, estabelecemos relações estruturais entre os constituintes e integramos a informação sintática em uma representação dos acontecimentos descritos na sentença.

Podemos esquematizar os processos envolvidos no processamento sentencial como segue:

1. **Segmentação** – A sequência de palavras fornecidas pelo analisador lexical é segmentada em unidades estruturais (sintagmas e sentenças) de maneira recursiva.
2. **Etiquetação sintático-funcional** – Cada constituinte segmentado recebe uma etiqueta sintática (SN, SV etc.) e uma funcional, identificando a função (sujeito, objeto etc.) que o sintagma cumpre dentro da sentença.

3. **Reconstrução do marcador sintagmático** – O analisador sintático estabelece as relações de dependência existentes entre os constituintes segmentados e etiquetados. Nesta etapa são realizadas várias operações sintáticas, tais como a coindexação entre elementos que compartilham traços referenciais.
4. **Acoplamento sintático-semântico** – O processo de interpretação semântica integra a informação fornecida pelo marcador sintagmático da sentença e a informação contida nas representações lexicais e projeta o conjunto dessas informações para uma representação proposicional (do conteúdo da sentença) em termos conceituais.

Acabamos de descrever o processamento estrutural de sentenças, mas cada sentença pode ser interpretada de várias maneiras. Vimos que o conhecimento da gramática de uma língua, quando ouvimos a fala de alguém, permite-nos determinar os significados das sentenças do falante. Entretanto, isso não é suficiente para os propósitos de comunicação, porque normalmente estamos mais interessados naquilo que o falante quer dizer ao usar uma sentença do que no significado linguístico da tal sentença. Se alguém nos diz "Gostei da tua camisa", podemos entender o enunciado de várias maneiras, que dependerão dos tipos de pressuposições que fazemos na nossa mente. A sentença pode ser entendida como uma simples afirmação de que o nosso interlocutor notou a camisa e agora está declarando sua aprovação. Mas também pode ocorrer de ter sido comunicada uma declaração mais complexa, com uma ou mais pressuposições implícitas: por exemplo, o falante não gosta de outras camisas que costumeiramente usamos, ou ele gosta, sim, da camisa que vestimos, mas não aprova as outras peças de roupa. Em outra situação, o mesmo enunciado pode comunicar um elogio; em alguma outra, pode indicar um interesse romântico, e assim por diante.

Assim, parece claro que as funções que uma sentença desempenha em uma conversa, em um discurso não são totalmente determinadas pela sua estrutura. O que um determinado enunciado "comunica" depende não só da decodificação da estrutura linguística da sentença, mas também do contexto no qual o enunciado é apresentado e das pressuposições feitas pelo falante e pelo ouvinte. Atualmente, os estudiosos reconhecem que a comunicação linguística tem uma natureza inferencial (depois de termos decodificado o material linguístico, precisamos deduzir o que foi comunicado – lembremos o exemplo da camisa) e baseia-se no conhecimento das regras sociais que subjazem à linguagem. É por isso que se faz necessário identificar os tipos de inferências que fazemos e os processos que usamos para fazer essas inferências.

Os estudiosos postularam que existe uma espécie de convenção entre o ouvinte e o falante para que a comunicação linguística possa acontecer. Essa convenção é um conjunto de regras implícitas que assumimos (inconscientemente) ao usarmos a linguagem em situações comunicativas, para que a nossa comunicação tenha sucesso. As regras incluem a quantidade de informação necessária a ser comunicada, a veracidade do conteúdo do enunciado, a relevância do conteúdo do enunciado para a conversa em questão e a necessidade da clareza do enunciado. Entretanto, o mais curioso é que, em nossas conversas e discursos, violamos constantemente a convenção comunicativa e ainda assim nos comunicamos – às vezes com sucesso e às vezes não. Os estudiosos postulam, então, que nos valemos das convenções da seguinte maneira: assumimos que o falante está empregando um enunciado de maneira convencional e usamos o contexto (os enunciados anteriores, a situação em que a comunicação acontece e o comportamento não verbal) para nós assegurarmos de que a nossa suposição é correta. Caso contrário, usamos o enunciado, o contexto e a convenção para inferir (derivar) o significado que o falante pretendia comunicar. O falante, por sua vez, usa a convenção para manifestar sua intenção comunicativa, mas, além disso, ao avaliar a situação comunicativa, seu grau de intimidade com o interlocutor, as relações de hierarquia e de poder, escolhe as estratégias de construção do enunciado que considera adequadas. O esquema geral da comunicação linguística seria então o seguinte:

Figura 4.6 – Esquema geral da comunicação linguística

Estrutura linguística	+	Convenções comunicativas	+	Fatores + Presuposições contextuais	=	Significado interpretado
Fonologia Sintaxe Semântica		Significado literal Convenção Referência determinável Outros		Situação Comportamento não verbal Discurso prévio Tópico discursivo Outros		

Fonte: Adaptado de Carroll, 1986, p. 181.

Algumas características da percepção e da compreensão da fala

Três principais teorias competiram entre si nos anos 1950-60. A **teoria acústica** defendia a percepção da fala passo a passo, com o reconhecimento sequencial dos segmentos da cadeia de fala e com a posterior "reescrita" dessa sequência como unidade do nível superior: sons – sílabas, sílabas –

palavras etc. A **teoria motora**, por sua vez, postulava maior atividade do indivíduo: o reconhecimento do som percebido seria obtido por meio da modelagem, no sistema funcional auditivo/articulatório (motor), dos parâmetros tipológicos da cadeia de fala percebida. Já a **teoria da análise por meio da síntese** supunha o funcionamento de uma série de "blocos" que permitiriam o reconhecimento via interação entre as regras da produção de fala e as regras da comparação dos resultados obtidos com os sinais percebidos.

As teorias atuais desenvolvem a teoria motora/ativa, reconhecendo tanto a dependência da percepção da fala em relação àquilo que ouvimos como a dependência de tal percepção em relação àquilo que inferimos sobre as intenções do falante. Assim, a **teoria do refinamento fonético** postula que o ouvinte parte de uma análise passiva do sinal acústico, mas passa quase imediatamente ao processamento ativo, identificando as palavras por meio da seleção das possíveis candidatas ao reconhecimento com base em cada fonema percebido. Para podermos decidir que palavra estamos ouvindo, pode ser necessário recorrer a um refinamento consciente do sinal acústico percebido de acordo com o contexto e com nossos conhecimentos prévios.

Já conforme o **modelo interativo**, a percepção da fala começa com o reconhecimento de traços específicos em três níveis: nível de traços acústicos, nível de fonemas e nível de palavras. A percepção é entendida como um processo interativo: o processamento nos níveis "inferiores" influi sobre os níveis "superiores" e vice versa. Todas as teorias ativas têm a característica de reconhecerem a ação dos fatores cognitivos e do contexto sobre a nossa percepção do sinal sensorial. Vários estudos recentes mostram que, na cadeia de fala, sílabas são identificadas mais rapidamente que fonemas. Se for assim, então é a sílaba, e não o fonema, que deve ser considerada como unidade básica da percepção da fala.

Por fim, os resultados das pesquisas mais recentes sobre a percepção da fala oral sugerem que:
- a informação contextual exerce uma forte influência sobre a percepção dos segmentos da fala;
- a prosódia (a linha melódica) serve para organizar e ajustar a percepção acústica dos sons da fala, transporta as "deixas" fonéticas diretas para classes gramaticais e semânticas específicas, restringindo, assim, a busca e os processos integrativos entre a interpretação acústica de um segmento e as várias operações cognitivas que agem sobre ela;
- a informação sintática e semântica é usada para gerar expectativas sobre o que vem a seguir;
- a percepção dos segmentos da cadeia de fala é uma interação de vários níveis de análise que se processam simultaneamente e talvez independentemente durante o processamento da linguagem.

Assim, podemos dizer que a percepção da fala é um processo psíquico complexo e multidimensional, que se realiza seguindo as mesmas leis de qualquer outro tipo de percepção. Na realização da percepção da fala podem ser determinados dois principais componentes: a formação primária da **imagem da percepção** e o **reconhecimento** dessa imagem. Ou seja, a percepção da fala inclui a recepção dos elementos linguísticos percebidos, a determinação das relações entre eles e a formação das representações semânticas.

A **compreensão** pode ser entendida como uma "pesca" do sentido global acessado pela cadeia de fala percebida. É o processo de transformação do conteúdo da fala percebida em seu significado. Por exemplo, o significado do enunciado

"Está frio!" pode ser bem diferente, dependendo do contexto linguístico e extralinguístico. Assim, se esse enunciado é dirigido por uma mãe ao seu filho, este pode entender suas palavras como um conselho para que se agasalhe melhor. Se é dito – e, talvez, acompanhado por um gesto em direção à janela – por alguém que se encontra em uma sala com outras pessoas, o enunciado pode ser entendido como um pedido para que a janela seja fechada. O mesmo enunciado, dito por um dos participantes de uma brincadeira de adivinhação, será entendido como a avaliação negativa de sua resposta. Desse modo, o ouvinte estabelece as relações semântico-pragmáticas entre os componentes da cadeia de fala. No final desse processo, o ouvinte pode chegar à compreensão – mais ou menos adequada – do enunciado. Nesse estágio da compreensão, o ouvinte não determina apenas **o que** e **sobre o que** foi dito, mas também **para que** o falante disse o que disse. Ou seja, nesse momento, o ouvinte chega à compreensão das **intenções do falante**. Este estágio inclui também a avaliação dos recursos linguísticos escolhidos pelo falante (ou escritor).

Na compreensão do discurso oral usamos muitos dos processos cognitivos comuns aos usados na compreensão de textos escritos, que será tratada a seguir. Entretanto, o discurso oral tem também algumas características exclusivas. Uma conversa, por exemplo, que é um gênero essencialmente oral, inclui o chamado *centro dêitico*: aqui-agora-eu-você. Essa especificidade supõe demandas cognitivas únicas. Assim, os interlocutores, ao contrário dos leitores, processam de forma combinada e correferente as mensagens verbais e os indícios contextuais de vários tipos. Além disso, em uma conversa, não é possível encontrar uma diferenciação nítida entre processos de compreensão e produção, visto que ambos se combinam constantemente no contexto de comunicação. O estudo do discurso oral lança importantes desafios futuros para a psicolinguística.

Algumas características da percepção e da compreensão da escrita

Os textos que lemos podem ser impressos com os mais variados tipos de letras, e os textos escritos manualmente exibem as particularidades da letra de seus autores, mas mesmo assim, normalmente, executamos com sucesso a tarefa de traduzir as "correntinhas" de grafemas para um texto que tem sentido. Para tanto, é necessário reconhecer os grafemas e as palavras por eles compostas. Diferentes teorias da percepção enfocam diferentes particularidades desse processo tão complexo.

Existem teorias que postulam o uso de certos padrões, isto é, de estruturais mentais, que serviriam de base para o reconhecimento do percebido. Entretanto, se esse postulado fosse verdadeiro, a nossa memória teria que guardar uma quantidade imensa desses padrões. Por isso, atualmente, ganhou mais espaço a teoria que postula que o que é guardado na memória não são padrões concretos, mas unidades mais abstratas: os protótipos, os quais podem ser entendidos como a média de todos os objetos que pertencem ao mesmo conjunto ou como uma combinação de traços encontrada com a maior frequência em um conjunto de objetos.

Vários estudos indicam que a capacidade de ver e de reconhecer letras e palavras é um processo ativo de busca de objetos na memória, visto que as representações destes já estariam armazenadas nela. A observação dos movimentos dos olhos de um indivíduo que está lendo, permite concluir que o olho realiza alguns "saltos" ao seguir o texto e que o volume do percebido depende de múltiplos fatores. Os atos de fixação do olho em palavras são descritos pelos estudiosos como sequências de "fotos momentâneas". Foi constatado que o olho demora mais em palavras mais compridas e também naquelas menos conhecidas. A última palavra de uma sentença exige maior fixação. A seguir, vamos resumir os principais resultados das pesquisas sobre o processamento visual de letras e palavras durante a leitura.

O processamento da linguagem durante a leitura acontece em três principais níveis: o traço, a letra e a palavra. Essas três peças de informação visual são extraídas por meio de uma série de movimentos oculares. A velocidade da leitura é determinada, entre outras causas, como veremos adiante, pela duração de fixações (paradas) oculares, pelo volume de material escrito que é fixado e pela proporção dos movimentos oculares regressivos (a volta do olhar). As regressões refletem uma reanálise do material processado, enquanto a duração da fixação é um barômetro da dificuldade que encontramos para integrar o material fixado ao processado anteriormente.

De acordo com o **modelo hierárquico de reconhecimento de palavras**, as três peças de informação (traços, letras, palavras) são extraídas em etapas sucessivas de reconhecimento de palavras sob o "efeito da superioridade da palavra", isto é, a percepção de letras é facilitada na presença do contexto da palavra. Os significados mais frequentes de palavras ambíguas precisam de uma fixação muito menor do que os pouco frequentes; o contexto prévio à palavra que está sendo processada exerce o mesmo efeito. O contexto em que a palavra está inserida pode tanto facilitar como inibir a ativação de significados: as palavras e os significados apropriados são ativados, e os inapropriados são inibidos.

As palavras que aparecem mais vezes nos textos e com

as quais temos, portanto, mais experiência são reconhecidas mais rapidamente do que as palavras de baixa frequência. Alguns experimentos permitem afirmar que as representações das palavras na memória não são armazenadas como formas lexicais realmente existentes, mas como morfemas de raiz. O reconhecimento das palavras seria, então, realizado por meio desses morfemas e depois seriam acrescentados os prefixos, os sufixos e as flexões.

Os estudos experimentais que se baseiam na decisão lexical mostram que precisamos de mais tempo para rechaçar uma série de letras que não formam uma palavra do que dizer "sim" a uma palavra real existente na língua que conhecemos. Este é o chamado *efeito de lexicalidade*. A expressão *não palavra* se aplica àquelas sequências de letras que não obedecem às regras da língua (por exemplo, *jrmo*), enquanto chamamos de *pseudopalavras* as sequências em princípio bem formadas de acordo com as regras da língua, mas que não existem de fato nessa língua (por exemplo, *nagra*). As não palavras são rechaçadas com maior rapidez do que as pseudopalavras. Provavelmente isso acontece porque as não palavras são suficientemente diferentes das palavras reais para que o leitor não precise consultar seu léxico mental.

Quando o sujeito do experimento se vê diante de uma sequência de palavras e pseudopalavras com uma alta proporção destas últimas, ele se inclina ao uso de um procedimento de recodificação fonológica para acessar o léxico. Ao contrário, a apresentação de uma sequência com baixa porcentagem de pseudopalavras faz com que o sujeito use um procedimento mais global de leitura. Esses experimentos parecem confirmar a ideia de que a representação primária que inicia os processos de compreensão de palavras seja a sílaba. Assim, a definição de "palavra possível" em uma língua pode ser derivada da definição de "sílaba possível" nessa língua.

O tempo de reconhecimento de uma palavra também é modificado se esta é precedida por um contexto (palavra, frase, texto) que mantém alguma relação com a palavra em questão. A relação entre o contexto e a palavra testada é importante para seu reconhecimento. Se a relação é semântica, normalmente o reconhecimento é facilitado, como acontece, por exemplo, em pares associados do tipo *mãe-filha*. Já se a relação é de forma e não de significado, acontece uma inibição do reconhecimento. Isso se dá com pares de palavras nas quais apenas uma letra é diferente, como em *alma-arma*. Quando os pares de palavras mantêm relações morfológicas de flexão (como em *faria-faríamos*) ou derivação (como em *caminhar-caminhada*), o reconhecimento também é facilitado.

Entretanto, os estudos confirmam que os bons leitores são mais eficientes nesses tipos de experimentos. Os leitores mais competentes se saem melhor do que os leitores deficientes quando leem palavras precedidas por contextos de baixa previsibilidade (como a palavra *beterrabas* em "*Fui a uma agência de turismo e comprei a passagem para Buenos Aires e beterrabas*"), enquanto em contextos de alta previsibilidade (por exemplo, "*Fui à feira e comprei tomates, batatas e beterrabas*") não aparecem diferenças entre os dois tipos de leitores.

Os bons leitores demonstram também maior eficiência de leitura no nível sintático, como no caso da compreensão de sentenças ambíguas, a exemplo de "*Trabalhei no laboratório com a bolsista do professor que por descuido tomou aquela solução*" (quem tomou?). A explicação é que os leitores mais competentes dispõem de maiores recursos de memória operativa e mantêm ativadas as duas interpretações sintáticas até receberem algum indício de desambiguação. Já os leitores menos eficientes, devido aos déficits de memória operativa, selecionam imediatamente a interpretação sintática (e semântica) mais comum.

Para que a compreensão chegue ao nível textual, o leitor deve ser capaz de integrar os significados das palavras e também das sentenças ao sentido maior do discurso, de reconhecer qual é a informação principal e qual(is) é(são) secundária(s). Hoje sabemos que, quando se trata da compreensão de textos, é necessário também que o leitor leve em conta seus conhecimentos extralinguísticos e seus processos psíquicos relacionados com a representação, a organização, o armazenamento e a seleção dos conhecimentos, de modo que consiga inferir significados que não estão explícitos no texto. Existe um grande número de estudos baseados em dados que provam que um indivíduo encontra no texto em primeiro lugar aquilo que ele espera ou deseja encontrar de acordo com suas motivações, a situação da leitura, orientações pessoais etc. Um papel especial na compreensão de texto é reservado à capacidade do indivíduo de se apoiar nos esquemas de conhecimentos sobre o mundo, que permitem que ele se oriente no texto, faça sua interpretação pessoal, julgue a veracidade do descrito no texto etc. Existem estudos sobre as variações na compreensão do mesmo texto, sobre as especificidades da compreensão de textos de características diferentes (ficcionais, poéticos e acadêmicos), sobre a compreensão de textos em língua materna, estrangeira ou desconhecida para o leitor, sobre os papéis do título, do subtítulo e das palavras-chave etc.

Foram feitos alguns estudos que incluem a seguinte manipulação experimental: em uma metade de um conto foi preservada a ordenação normal das sentenças, enquanto em outra metade as sentenças estavam desordenadas. Os resultados sobre a lembrança de palavras recém-lidas mostraram que os leitores mais eficientes tiveram desempenho melhor em fragmentos bem ordenados, mas não apresentaram diferenças em relação aos leitores menos competentes nos fragmentos desordenados. A explicação sugerida pelos estudiosos é que os leitores menos competentes, tendo um maior déficit de memória, normalmente dividem a informação temática em mais "pedaços" e fazem mais "trocas" de estrutura do que fazem os bons leitores e, com isso, a informação contida nos "pedaços" anteriores fica menos acessível. No experimento, os fragmentos desordenados do texto obrigaram os leitores competentes a realizar frequentes "trocas" de estrutura (que não fariam em condições normais), visto que não conseguiam integrar facilmente a informação devido à falta de coesão e coerência textuais.

Os estudos psicolinguísticos comprovam que a capacidade de fazer inferências, ou seja, deduzir significados que estão implícitos em um texto, não é idêntica em leitores mais e menos competentes. Os sujeitos dos experimentos em questão com pontuações baixas em compreensão textual foram menos hábeis em encontrar significados inferenciais em um texto. Em primeiro lugar, eles tiveram dificuldades para estabelecer os vínculos anafóricos. Assim, por exemplo, para esses leitores pouco competentes foi difícil escolher o pronome apropriado em frases como *"Tânia emprestou seu dicionário de francês para Manoel porque [...] precisava"*. Em segundo lugar, esses leitores também tiveram problemas para estabelecer inferências baseadas no conhecimento de mundo. Por exemplo, eles leram um conto sobre um menino que todos os dias "pedalava" até a escola sem que em momento algum o texto mencionasse uma bicicleta. Depois os leitores pesquisados foram questionados sobre o modo como o menino chegava à escola. A resposta inferida seria *"De bicicleta"*. Os leitores menos competentes cometiam mais erros do que os bons leitores para responder tanto as perguntas sobre o significado explícito no texto como as perguntas relacionadas com as inferências, inclusive quando o texto estava disponível para consulta.

Os resultados de todas as pesquisas sobre a compreensão textual coincidem em mostrar que pelo menos uma parte dos problemas dos leitores menos competentes radica em uma menor disponibilidade de recursos cognitivos.

Atividades

1. Vamos imaginar a seguinte situação: você está assistindo a uma palestra e o sistema de som do auditório está com problemas ou se ouve muito barulho nesse local. Se você sabe bastante sobre o assunto que está sendo abordado, você provavelmente entenderá mais do que o conferencista está dizendo, ou mais do que você está podendo ouvir. Por quê?

2. Suponha que você encontrou no texto que está lendo uma palavra nova e está tentando identificar seu significado. Usando os conceitos deste capítulo, faça um esboço de como poderia ser sua representação.

3. Explique por que o significado literal de uma sentença é importante para sua interpretação, mas não determina exatamente o que se quer dizer com essa sentença.

4. Pense em algum mal-entendido que lhe aconteceu em uma conversa. Usando a convenção comunicativa, identifique a causa desse equívoco.

5

Bilinguismo

os últimos capítulos da primeira parte desta obra, trataremos de assuntos raramente incluídos nos livros de introdução à psicolinguística: o bilinguismo e os transtornos da linguagem. Neste capítulo, examinaremos o conceito de bilinguismo e as discussões atuais sobre os tipos de bilinguismo e os efeitos cognitivos causados por esse fenômeno nos falantes bilingues. Definir o bilinguismo não é fácil, visto que este é um fenômeno complexo, influenciado por fatores diver-

Nos dois últimos capítulos da primeira parte desta obra, trataremos de assuntos raramente incluídos nos livros de introdução à psicolinguística: o bilinguismo e os transtornos da linguagem. Neste capítulo, examinaremos o conceito de bilinguismo e as discussões atuais sobre os tipos de bilinguismo e os efeitos cognitivos causados por esse fenômeno nos falantes bilíngues.

O que é o bilinguismo?

Definir o bilinguismo não é fácil, visto que este é um fenômeno complexo, influenciado por fatores diversos (sociais, psicológicos e linguísticos) e que desperta interesses muito variados.

As perguntas que os psicolinguistas formulam sobre o bilinguismo e, consequentemente, as respostas obtidas são de dois tipos:

- experimentais, quando o interesse recai principalmente sobre o grau de bilinguismo, e
- teóricas, quando a preocupação dos estudiosos se concentra nos mecanismos da mente do indivíduo bilíngue em comparação com o monolíngue.

Quem pode ser considerado bilíngue? A pergunta parece muito simples. Qualquer brasileiro terá sua opinião sobre a capacidade de alguém não nativo de se expressar: "X fala português muito bem/bastante bem/mal...". Mas, se examinamos esse assunto mais de perto, veremos que os fatos não são tão simples.

Em primeiro lugar, não existem indivíduos absolutamente monolíngues. Isso é verdadeiro não só para as sociedades ocidentais do século XXI, em que qualquer cidadão, queira ou não, incorpora estrangeirismos e, na maioria das vezes, bem ou mal, recebe alguma instrução em língua estrangeira, ouve músicas em outras línguas etc. Vale a pena lembrar que nas sociedades que alguns de nós impensadamente chamam de "não civilizadas", como as africanas, as asiáticas, a indiana, **todos** os indivíduos têm o conhecimento em maior ou menor grau de pelos menos uma língua além da sua língua materna. Essa situação de bi ou multilinguismo é simplesmente vital e, portanto, natural para eles. Outro aspecto importante é que, do ponto de vista linguístico, é difícil – se não impossível – decidir onde começa uma língua e termina um dialeto, seja ele geográfico, social, juvenil etc.

Porém, mesmo supondo que alguém esteja falando uma língua reconhecidamente diferente de sua língua materna, quando podemos afirmar que esse indivíduo é bilíngue? Muitos de nós negariam que um turista alemão que arranha quatro frases em português em um quiosque de uma praia brasileira possa ser considerado bilíngue.

Tipos de bilinguismo

Um dos critérios para definir e descrever o bilinguismo é a competência linguística. Existem autores que afirmam que o falante bilíngue é aquele que tem um controle das duas línguas semelhante ao do falante nativo. Tal visão supõe que esse falante conhece ambas as línguas com a mesma "perfeição" em todos os níveis. Assim, os membros das respectivas comunidades linguísticas o reconheceriam como um monolíngue, como um "falante nativo" em cada uma delas. Nessa perspectiva, o bilinguismo poderia ser chamado de *ambilinguismo*.

Esse tipo de enfoque apresenta o sério problema de determinar qual seria esse nível de "perfeição" requerido para que alguém seja considerado uma pessoa bilíngue e, ainda assim, deixaria de fora a grande maioria de pessoas que usam duas línguas regularmente, mas cujo domínio que têm de pelo menos uma delas não pode ser equiparado ao domínio de um falante nativo.

O bilinguismo absoluto é uma abstração teórica, pois qualquer falante bilíngue sempre apresentará diferenças no domínio e no uso das línguas. Essas diferenças podem ser estruturais e/ou funcionais, de tal modo que uma das línguas é usada mais e melhor sempre ou em algumas situações específicas. Assim, por exemplo, uma pode ser falada no trabalho e outra na vida familiar.

Também são muito variáveis os graus de bilinguismo conforme o componente linguístico que examinamos: acontece com frequência que, embora o indivíduo fale cada uma das duas línguas dentro das normas fonológicas e lexicais, sua gramática tenda a ser comum para as duas. Outras vezes se observam hábitos articulatórios compartilhados, enquanto a gramática e o léxico são bem separados. Por fim, existem pessoas que têm fluidez idêntica nas duas línguas, mas são incapazes de escrever em uma delas, o que ocorre por não serem alfabetizadas ou mesmo quando são alfabetizadas e leem naturalmente nessa língua. Por essa razão, há autores que propõem definições menos rígidas e concebem a noção de competência bilíngue como um contínuo. Com isso, entende-se que o bilinguismo pode se dar em vários graus, a começar pelo momento quando o falante de uma língua pode produzir sentenças completas e significativas em outra língua.

Essa concepção ganhou mais adeptos do que aquela que considera ser o bilinguismo uma questão de "tudo ou nada". Dentro do contínuo pode ser caracterizada a noção de bilinguismo equilibrado quando os falantes possuem aproximadamente o mesmo nível de competência nas duas línguas sem que isso implique que o conhecimento de uma delas tenha de ser comparado com aquele que têm os falantes nativos monolíngues. O bilinguismo equilibrado se contrapõe ao bilinguismo dominante, que se dá quando o conhecimento de uma língua é superior, em todos ou em alguns aspectos, ao conhecimento da outra. Este é o tipo de bilinguismo mais comum.

A psicolinguística estuda também os aspectos relacionados com a aquisição de duas (ou mais) línguas. Um dos fatores que merece a atenção é a idade em que se adquire a segunda língua. O chamado *bilinguismo precoce* seria próprio de uma pessoa que chegou a ser bilíngue durante a infância. Já se a pessoa adquiriu sua segunda língua na idade adulta, ela teria o bilinguismo tardio. O critério da idade da aquisição é relacionado com o grau de competência, visto que sugere que o indivíduo que não adquiriu alguma língua em uma etapa precoce de seu desenvolvimento nunca será completamente competente nessa língua.

A ordem em que as línguas são adquiridas permite distinguir entre **bilinguismo simultâneo** e **bilinguismo sucessivo**. No primeiro caso, a pessoa adquire as duas línguas ao mesmo tempo e, portanto, sempre durante a primeira infância. Já no segundo caso, uma língua é adquirida na infância e a outra, mais tarde.

Há mais um grupo de fatores que são relevantes para a descrição do bilinguismo do ponto de vista sociocultural e que podem afetar o tipo de conhecimento que o indivíduo tem de uma determinada língua e também o seu uso. Entre esses fatores estão o *status* social (o prestígio) das línguas em questão, a identidade cultural do indivíduo bilíngue e sua atitude com relação às línguas por ele adquiridas.

Os efeitos do bilinguismo

Podemos nos perguntar se o conhecimento, o uso e a aquisição de duas línguas teriam algum efeito sobre a cognição do indivíduo. Se sim, esse efeito seria positivo ou negativo?

Embora as pesquisas sobre o bilinguismo tenham aumentado drasticamente nos últimos anos, ainda permanecem mais perguntas do que respostas nesse campo da psicolinguística. Ainda é necessário determinar os paralelos entre o processamento da linguagem por bilíngues e o realizado por monolíngues e entre a aquisição de primeira língua e a de segunda(s) língua(s), embora pareça que existem mais semelhanças do que diferenças. É preciso também descobrir as consequências linguísticas e cognitivas positivas e/ou negativas do bilinguismo, bem como as vantagens e as desvantagens da aquisição simultânea ou sucessiva de duas (ou mais) línguas. Essas questões permanecem em boa parte não resolvidas porque as metodologias existentes se mostram insuficientes e porque é difícil, se não impossível, encontrar um grande número de crianças que estão aprendendo as mesmas línguas e que começaram essa aprendizagem com a mesma idade e nas mesmas condições. Apesar dessas dificuldades, a única conclusão que repetidamente aparece nas pesquisas sobre o bilinguismo é que crianças e adultos que dominam mais de uma língua demonstram capacidades incríveis para usar e entender diferentes línguas.

Os primeiros estudos sobre o bilinguismo, realizados no começo do século XX, em sua maioria intuitivos e sem fundamentação teórica e metodológica, supuseram que ele diminuía a inteligência em geral, causando confusão intelectual e cansaço mental. Só nos anos 1960, quando a psicolinguística começou a consolidar-se como disciplina, é que surgiram os primeiros estudos de caráter científico sobre os efeitos do bilinguismo sobre a inteligência. Esses estudos foram realizados com crianças canadenses de 10 anos de idade que falavam inglês e francês de maneira equilibrada, ou seja, demonstravam possuir domínio semelhante de uma e outra língua. A pesquisa mostrou que os sujeitos bilíngues, comparados com os monolíngues, saíram-se melhor nos testes verbais e não verbais que testavam a flexibilidade mental de formação de conceitos e as habilidades matemáticas, o que comprova a existência de efeito positivo do bilinguismo sobre o desenvolvimento das capacidades cognitivas. Ao desenvolverem os conceitos dos objetos e fenômenos do mundo em termos de propriedades gerais sem ligação com os símbolos linguísticos únicos, os bilíngues se tornam mais capazes de estabelecer relações e conceitos abstratos.

Os resultados dessa pesquisa foram confirmados por outros estudos. Foi demonstrado também que os indivíduos bilíngues de 11 a 17 anos resolvem problemas de reestruturação perceptiva dos dados melhor do que os monolíngues. Isso foi explicado considerando-se o fato de que os bilíngues habitualmente experimentam mudanças inevitáveis de perspectiva de apreensão de dados acarretadas pela mudança de sistema linguístico.

Outros estudos sugerem que os efeitos do bilinguismo são negativos se o indivíduo não atinge um alto nível de competência em pelo menos uma das línguas; são neutros se for atingida essa condição e são positivos se esse alto nível de competência for atingido nas duas línguas. Entretanto, tais estudos não indicam o que acontece no caso de uma aquisição simultânea das línguas nem quais seriam os fatores que permitiriam a aquisição de um alto nível de competência nas duas línguas.

Atualmente se supõe que a relação entre as propriedades do sistema cognitivo e a evolução da aquisição dos sistemas linguísticos seja interativa, ou seja, que o desenvolvimento das atividades intelectuais tira proveito da aquisição e do uso de duas ou mais línguas.

O estudo do bilinguismo, e principalmente de um bilinguismo com alto nível de competência em duas línguas, relaciona-se com quase todos os assuntos que mencionamos anteriormente: Como está organizada a memória do indivíduo bilíngue? Como é o desenvolvimento ontogenético de um bilíngue e em que princípios ele se apoia para a aprendizagem linguística? Existiria algum fundamento biológico especial que dê conta da condição bilíngue? São assuntos muito complexos e existem várias hipóteses e teorias que procuram responder a essas perguntas.

Quanto ao problema da memória do bilíngue, foram propostos dois modelos: o da independência e das "memórias separadas" e o da interdependência e da "memória única".

A tendência observada em falantes bilíngues equilibrados e de alto nível de competência em ambas as línguas parece inclinar-se claramente para a **interdependência mnemotécnica**.

O estudo do desenvolvimento ontogenético do bilinguismo, principalmente da aquisição simultânea de duas línguas na primeira infância – de 0 a 5 anos, é um dos assuntos mais "cultivados" na psicolinguística. Algumas **características fundamentais da aquisição de duas línguas** pela criança são as seguintes:

- O bilinguismo não atrapalha e não atrasa o desenvolvimento psíquico e cognitivo da criança. Muitas pesquisas mostram que, além da aceleração no desenvolvimento cognitivo (antecipação da entrada no pensamento operatório), a criança bilíngue tem uma antecipação na percepção da relatividade dos nomes. Por exemplo, ela sabe que uma cadeira pode se chamar *cadeira*, *silla* (espanhol), *stul* (russo), *chair* (inglês) ou ter outro nome. A criança entende que o objeto independe do nome que lhe é dado.
- A aquisição dos diferentes componentes de cada língua (fonológico, morfológico, sintático etc.) é paralela.
- A criança bilíngue já é capaz de traduzir em uma idade bastante tenra.

- A criança bilíngue presta mais atenção do que crianças monolíngues ao conteúdo do enunciado.
- A criança bilíngue exibe uma sensibilidade metalinguística especial, ou seja, possui uma consciência mais apurada da percepção linguística. Os estudos demonstraram que crianças de 4 a 8 meses do meio linguístico espanhol-inglês percebem melhor não só as formas do espanhol e do inglês, mas também as de qualquer outra língua com a qual não tiveram nenhum contato anterior.
- A aquisição de cada uma das línguas por uma criança bilíngue se produz no ritmo idêntico e segue aproximadamente as mesmas etapas que percorre uma criança monolíngue.

Por outro lado, alguns estudos indicam que o bilinguismo acarreta algumas desvantagens. As pesquisas da última década são unânimes em afirmar que bilíngues geralmente dominam vocabulários menores em cada língua do que monolíngues. A questão do tamanho do vocabulário é especialmente importante porque representa a principal medida nos estudos sobre o progresso da criança na aquisição das formas oral e escrita da linguagem. O mesmo fenômeno se observa em adultos, embora a medida usada em testes, nesse caso, não seja a extensão do vocabulário, mas o acesso ao léxico armazenado na memória. Usando vários tipos de tarefas, foi observado que os bilíngues:

1. são mais lentos para nomear objetos que aparecem nos desenhos apresentados;
2. obtêm escores menores nas tarefas de fluência verbal, quando devem dizer, durante um minuto, o máximo de palavras que começam com a mesma letra ou pertencem à mesma categoria;

3. demonstram dificuldades para identificar palavras quando existe maior barulho no ambiente;
4. experimentam maior interferência na decisão da escolha do léxico.

No entanto, o bilinguismo apresenta significativas vantagens também. Uma pesquisa relacionada ao bilinguismo, à idade e ao processamento cognitivo buscou determinar se o bilinguismo poderia atenuar os efeitos negativos da idade. Um dos objetivos foi verificar se o incremento cognitivo suficientemente forte na criança, produzido e estimulado pelo bilinguismo, poderia continuar a influenciar a cognição ao longo da vida adulta. Outro objetivo era comprovar se o bilinguismo poderia prover uma defesa contra o declínio dos processos executivos que ocorrem normalmente na terceira idade, como a dificuldade de se concentrar e manter a atenção. De acordo com os resultados dos estudos feitos, idosos bilíngues, de uma média de idade de aproximadamente 80 anos, apresentaram um melhor desempenho em testes de inteligência verbal, espacial, de vocabulário receptivo, de atenção e de seleção quando comparados com seus pares monolíngues. Seu nível de desempenho foi equivalente ao de jovens monolíngues e bilíngues, de uma média de idade de 43 anos. Foram efetuados três estudos com jovens e adultos idosos monolíngues e bilíngues, similares cognitivamente e de semelhantes condições econômicas e sociais. Foram formados dois grupos de língua, ou seja, monolíngues e bilíngues, e dois grupos de idade, os mais jovens e os mais velhos. Os dois grupos foram relacionados por idade: um com idade média de 43 anos e outro com idade média de 71,9 anos. A pesquisa foi oferecida no país de residência dos pesquisados e com total igualdade de condições quanto ao seu *background* (origem, classe social, educação ou experiência profissional) e ao sexo.

No primeiro estudo, um dos testes-padrão, o da pesquisa de vocabulário receptivo, que consiste em pedir ao entrevistado que identifique um objeto mostrado em uma série de placas, cada uma contendo quatro figuras, o pesquisador nomeia uma das figuras e o pesquisado indica qual figura da placa representa a palavra citada. Os itens propostos tornam-se gradativamente mais difíceis. A outra avaliação analisa a habilidade não verbal argumentativa abstrata. O teste se baseia em itens organizados em cinco grupos de objetos de algum modo similares. Em cada item falta um objeto e, no final da página, uma peça deve ser escolhida como a que melhor completa a figura. Os adultos monolíngues tiveram desempenho diferente dos bilíngues. Nos dois testes, o grupo dos mais velhos bilíngues teve o mesmo nível de desempenho que o grupo dos mais jovens. Ao se compararem somente os dois grupos – bilíngues e monolíngues – de informantes mais idosos, foi concluído que o grupo de bilíngues obteve um desempenho melhor em relação ao grupo de monolíngues. A vantagem do bilinguismo reside num complexo processamento que requer controle executivo.

Assim, pode-se concluir que os bilíngues demonstraram uma ampla vantagem sobre os seus pares monolíngues ao lidarem com o aumento de complexidade – precisão e tempo de reação. Por que os bilíngues foram mais rápidos nos testes do controle da memória de trabalho? Uma das respostas possíveis seria que os processos executivos requeridos para administrar as duas línguas envolvem atenção e seleção. São justamente esses componentes executivos centrais mais acentuados e exigidos na experiência de vida de um bilíngue.

Os estudos mostram claramente que a experiência do ser humano em processar duas línguas tende a amenizar o declínio relativo à idade no que diz respeito, também, à **eficiência** do processo inibitório, ou seja, aquele processo que permite à pessoa descartar as opções irrelevantes de uma tarefa e concentrar a atenção nos seus aspectos mais relevantes. Assim, as vantagens do bilinguismo se estendem até a idade avançada, pois proporcionam defesas contra o declínio dos processos cognitivos e atenuam os déficits em muitas tarefas cognitivas normalmente observados em pessoas idosas.

Atividades

1. Como o desenvolvimento da linguagem poderia ser diferente em crianças bilíngues, comparando-as com crianças monolíngues?

2. Defina o termo *metalinguístico*.

3. Quais são as vantagens de ser bilíngue?

6

Patologias da linguagem

patologias linguísticas pertence a uma área de pesquisa bastante diferente daquela que vimos anteriormente: a neuropsicologia cognitiva da linguagem. Não se trata de uma área totalmente nova, pois alguns neurologistas do século XIX já tinham o interesse em conhecer os efeitos que uma lesão cerebral provoca no paciente. Mas foi nos últimos anos do século passado que a neuropsicologia cognitiva da linguagem se estabeleceu como uma disciplina que estuda a

O estudo das patologias linguísticas pertence a uma área de pesquisa bastante diferente daquela que vimos anteriormente: a neuropsicologia cognitiva da linguagem. Não se trata de uma área totalmente nova, pois alguns neurologistas do século XIX já tinham o interesse em conhecer os efeitos que uma lesão cerebral provoca no paciente. Nos foi nos últimos anos do século passado que a neuropsicologia cognitiva da linguagem se estabeleceu como uma disciplina que

O estudo das patologias linguísticas pertence a uma área de pesquisa bastante diferente daquela que vimos anteriormente: a neuropsicologia cognitiva da linguagem. Não se trata de uma área totalmente nova, pois alguns neurologistas do século XIX já tinham o interesse em conhecer os efeitos que uma lesão cerebral provoca no paciente. Mas foi nos últimos anos do século passado que a neuropsicologia cognitiva da linguagem se estabeleceu como uma disciplina que estuda os transtornos linguísticos, tais como:

- deficiências ou perdas da linguagem, como a afasia;
- comportamentos cognitivos desviantes que produzem alguma manifestação linguística específica, como a linguagem dos esquizofrênicos;
- deficiências mentais gerais que têm manifestações cognitivas não diretamente linguísticas, mas verificáveis por meio da linguagem;
- deficiências anatômicas e/ou fisiológicas e/ou neurológicas que se refletem no uso da linguagem, como a linguagem dos surdos.

Neste capítulo, trataremos brevemente de cada um desses assuntos.

Afasia

O fenômeno da afasia foi observado desde a Antiguidade, pois as pessoas notavam a relação entre certas lesões cerebrais e alguma "deformidade" dos enunciados linguísticos. Entretanto, os estudos científicos sobre esse fenômeno começaram no século XIX, quando o médico francês Paul Broca constatou que uma lesão na região da divisão superior da artéria cerebral média do hemisfério esquerdo produz sistematicamente deficiências na produção linguística. Desde aquela época, essa região do cérebro é conhecida como *área de Broca*, a qual, tal como a área de Wernicke, já foi mencionada aqui, quando tratamos dos fundamentos biológicos da linguagem (capítulo 2). O médico alemão Karl Wernicke deu mais um passo nessa investigação ao determinar em que consistiam as deficiências, comparando as lesões em várias regiões e os problemas da linguagem correspondentes. Enquanto os traumatismos na área de Broca se traduzem em desordens da produção (fala entrecortada, articulações defeituosas), os traumatismos no lóbulo temporal (lateral), na região desde então chamada de *área de*

Wernicke, originam desordens da percepção, a incapacidade para entender a linguagem oral ou escrita. Posteriormente foram feitas sérias objeções à "localização" das diferentes funções linguísticas em partes concretas do cérebro – observações e experimentos demonstraram que as zonas cerebrais suscetíveis de produzir afasia são muito mais amplas.

Nas últimas décadas do século XX, a primeira caracterização do fenômeno de afasia foi substituída por distinções mais sutis. Foram propostas classificações mais elaboradas que combinam as descrições puramente funcionais com uma análise detalhada das desordens linguísticas específicas, a saber:

1. **Afasia de Broca** (afasia gramatical ou afasia expressiva) – Caracteriza-se por um discurso agramatical, no qual são eliminados os morfemas e as palavras funcionais (artigos, preposições, conjunções, flexões, auxiliares) e permanecem quase unicamente os nomes (substantivos, pronomes), os verbos em suas formas nominalizadas (infinitivos, particípios) e os advérbios, como em: *"Sobrinha chegar hoje"*. O discurso habitual e formulaico (cumprimentos, despedidas, agradecimentos) é mais bem realizado do que enunciados espontâneos. Sua origem mais frequente é alguma lesão na área de Broca.
2. **Afasia de Wernicke** (afasia semântica) – O discurso é fluente e gramaticalmente correto, mas carece de termos específicos, que são substituídos por palavras genéricas ou por longas e complicadas paráfrases, como em: *"Comprou a coisa, a máquina de fazer comida"*, *"Está buscando a coisa para escrever"*. Às vezes são substituídos fonemas ou sílabas: *drajem* por *trajem*, *captecho* por *capricho*. Origina-se em lesões na área de Wernicke.
3. **Afasia central** (afasia fonêmica) – Consiste em uma falha específica da habilidade para reproduzir material verbal e produz desordens na leitura em voz alta e na

escrita, principalmente quando se trata de palavras longas, plurissilábicas, como em: *"Veio um cir... mm... ciro... mm.. cirão..."* por *cirurgião*. Sua origem são as lesões na região tempo-parietal (lateral-posterior).

4. **Anomia** – Caracteriza-se pela falta de termos concretos, que não são substituídos por paráfrases, como na afasia de Wernicke. O discurso é interrompido por longas pausas e é de difícil compreensão, como em: *"Meu amigo... mm... trouxe um... mm... para comer"*. Não é fácil precisar sua localização.

5. **Afasia global** – É um transtorno gravíssimo que afeta a fala, a leitura e a escrita de maneira que o paciente se torna praticamente incapaz de usar a linguagem. Origina-se em lesões generalizadas que afetam simultaneamente os lóbulos frontal, temporal e parietal do hemisfério esquerdo.

6. **Afasia motora transcortical** (afasia dinâmica) – Caracteriza-se por dificuldades para começar a falar, mas, quando superadas, o discurso se produz sem problemas. Tem origem em lesões na zona do lóbulo frontal anterior à área de Broca.

7. **Alexia** – É um transtorno que afeta a capacidade de ler, mas não atinge a capacidade de escrever. É provocada por lesões no corpo caloso (que liga os dois hemisférios), interrompendo particularmente a ligação entre a zona da visão no hemisfério direito e as áreas da linguagem.

8. **Agrafia** – Uma lesão no giro angular pode levar à agrafia, que consiste na inabilidade de escrever, mas também pode provocar a alexia.

9. **Afemia** – É uma dificuldade para articular sons que tem sua origem em lesões das fibras subcorticais que unem o sistema articulatório à área de Broca.

Os dados obtidos dos pacientes com lesões cerebrais são mais uma forma de testar os modelos de processamento linguístico fundamentados no princípio de universalidade dos processos cognitivos. Assim, o estudo de um paciente afásico pode ser considerado uma espécie de experimento e, dada a singularidade de cada paciente, a única maneira de extrair inferências válidas sobre o sistema cognitivo é o estudo de caso (com todas as limitações que tais estudos têm).

Outras desordens da linguagem

Até as últimas décadas, as demais desordens da linguagem eram consideradas de menor interesse para a psicolinguística, embora fossem de reconhecida importância neurológica e clínica. Esse desinteresse se deve ao fato de que algumas dessas patologias não se manifestam nos níveis tradicionais da linguagem (fonologia, fonética, morfossintaxe, semântica), mas se relacionam com as competências pragmática e discursiva, que começaram a ser exploradas apenas nas últimas décadas do século XX.

A **linguagem dos esquizofrênicos**, por exemplo, faz parte da sintomatologia geral da esquizofrenia, em associação com alucinações, ansiedade, paranoia, misantropia, fixação, hiper ou hipoatividade etc. O termo *esquizofrenia* significa "mente dividida": o indivíduo nega a realidade para entrar na fantasia, desconsiderando as evidências dos seus sentidos e substituindo a realidade por falsas percepções ou alucinações que expressam enganos ou crenças falsas. Ele é emocionalmente desligado de seu meio e não se importa se se comunica ou não com as pessoas que o cercam. A manifestação linguística mais geral desse tipo de transtorno mental é um discurso incoerente que fere os princípios da comunicação. O esquizofrênico pode tranquilamente declarar: *"Como* *posso ir passear com você se não tenho nenhum pé?"*. À pergunta *"O que é uma mesa?"* a resposta típica é: *"Depende da mesa"*. São produzidas associações insólitas entre os significantes e os significados e existe dificuldade de manter o assunto do discurso. Em resumo, a esquizofrenia se manifesta por meio de um comportamento verbal desviante.

A **deficiência mental** faz referência ao desempenho intelectual abaixo da média que compromete a aprendizagem e o ajuste social e/ou a maturação do indivíduo. Aproximadamente 2% das crianças em idade escolar demonstram algum grau de deficiência cognitiva ou mental. As crianças com deficiência mental seguem as mesmas etapas do desenvolvimento da linguagem que as crianças consideradas "normais", mas com maior lentidão, e frequentemente não alcançam as etapas finais.

A relação entre o desenvolvimento cognitivo e o linguístico é um dos temas que estão no centro de intensa pesquisa psicolinguística, a qual mostra que essas duas áreas do desenvolvimento humano progridem em paralelo e só ocasionalmente apresentam padrões dissociados. É possível que as características da habilidade linguística e do uso da linguagem de crianças com deficiência mental não se originem nos déficits cognitivos, mas na orientação cognitiva que produz padrões de comportamento social e motivacional diferentes dos padrões observados em crianças com desenvolvimento normal. Assim, a passividade própria das crianças com deficiência mental pode ser a causa do lento desenvolvimento cognitivo e linguístico. É importante observar, entretanto, que uma grande parte das crianças que demonstram retardo ou desordem da linguagem não têm deficiências auditivas ou cognitivas e não são autistas.

O último aspecto que mencionaremos rapidamente, embora neste caso não se trate exatamente das patologias da linguagem, refere-se àquelas deficiências anatômicas e fisiológicas que podem interferir de forma negativa na expressão linguística, como a surdez, a mudez, a cegueira e a má formação dos órgãos articulatórios. Essas deficiências dificultam ou impedem a produção ou a recepção da fala oral ou escrita, mas em geral não dificultam a aquisição de um sistema linguístico operativo, como a linguagem de sinais e o alfabeto braille.

As línguas de sinais, tal como as línguas orais, são línguas humanas com estrutura e organização próprias e são específicas de cada comunidade. Isso quer dizer que, assim como, por exemplo, existem o português brasileiro e o inglês americano, também existem a **língua de sinais americana (Aslan)** e a **língua de sinais brasileira (Libras)**. Cada uma delas tem suas variações dialetais e, do mesmo modo que o português brasileiro é diferente do português peninsular e o inglês americano é diferente do inglês britânico, são diferentes também as respectivas línguas de sinais.

É importante observar ainda que, durante os primeiros meses de vida, uma criança surda se comporta exatamente como uma criança não surda: ela chora, ri e balbucia. No entanto, como não consegue relacionar uma determinada posição dos órgãos articulatórios com um determinado efeito acústico, depois de algum tempo ela vai abandonando as tentativas de balbucio e fica irremediavelmente muda. A partir desse momento, essa criança passa a valer-se de outros procedimentos, normalmente cinésicos (gestuais), para se comunicar.

A **disfasia** é uma forma de patologia da linguagem que acontece em ausência de impedimentos cognitivos, sensórios, emocionais ou socioculturais óbvios. As crianças disfásicas apresentam retardos em todos os aspectos da linguagem, embora a fonologia e a sintaxe se mostrem mais atingidas. Às vezes os distúrbios podem ser qualitativos, não existindo retardos. Mesmo quando a criança disfásica adquire alguma estrutura linguística na mesma sequência em que as crianças normais o fazem, ela pode evitar o uso dessa estrutura, preferindo as estruturas mais simples ou, então, os recursos não verbais de comunicação.

Outra deficiência que tem uma origem constitucional e independe do grau de instrução, da inteligência ou das oportunidades socioculturais do indivíduo é a **dislexia**, que consiste em uma dificuldade para ler. Parece que a dislexia é mais frequente em meninos que em meninas e é possível que tenha condicionamentos genéticos.

Os chamados *disléxicos superficiais* podem ler qualquer palavra, familiar ou desconhecida, desde que ela se ajuste às regras grafema-fonema. Em contrapartida, esses disléxicos são incapazes de distinguir os homófonos, como *sexta* e *cesta*, e convertem palavras em pseudopalavras (palavras que não existem em sua língua). Os psicolinguistas interpretam essas dificuldades como uma leitura "fonológica", baseada nos sons da fala, que interfere no acesso às representações ortográficas das palavras. Por sua vez, os denominados *disléxicos fonológicos* apresentam dificuldades para ler palavras infrequentes e pseudopalavras e cometem erros visuais que os obrigam a substituir a palavra escrita por outra, visualmente semelhante e usada com maior frequência: por exemplo, a palavra *conceito* pode ser substituída por *conselho*. A explicação que se propõe é que nesses disléxicos acontece uma espécie de destruição do procedimento fonológico, mas preserva-se o procedimento lexical, ou seja, o acesso ao significado é realizado de uma maneira direta a partir dos signos gráficos.

Outro tipo de dislexia é a chamada *dislexia profunda*, que é interpretada como uma alteração tanto da via fonológica como da direta. Os principais sintomas da dislexia profunda são a incapacidade para ler pseudopalavras, como consequência da destruição da via fonológica, e a produção de erros semânticos (de significado). Estes últimos (por exemplo, ler *capitão* onde está escrito *coronel* ou *quarta-feira* em vez da palavra escrita *quinta-feira*) são interpretados como uma leitura baseada no sistema semântico, ou seja, na proximidade de significado. Outros sintomas da dislexia profunda, tais como a dificuldade para ler certas classes de palavras – palavras abstratas, verbos, palavras funcionais (preposições, conjunções, artigos, flexões, auxiliares) –, são considerados como consequência de um mau funcionamento da via direta.

Nos últimos anos, observa-se um forte desenvolvimento da neuropsicologia cognitiva computacional, que permite realizar simulações por computador não só dos processos cognitivos normais, como também dos transtornos produzidos por lesão cerebral. Essa nova metodologia incrementa consideravelmente nosso conhecimento sobre o funcionamento dos processos cognitivos relacionados com a linguagem e sobre as características dos pacientes afásicos. A tendência atual é que as simulações computacionais não sejam limitadas aos casos de perda ou deterioração de algum processo cognitivo, mas possam ser aplicadas a outros aspectos cognitivos, tais como as limitações de atenção ou de memória.

Atividades

1. Suponha que seu tio-avô sofreu um derrame e sua capacidade de articular a fala compreensível está muito limitada. Como você poderia determinar os limites de sua compreensão?
2. Por que é importante estudar as patologias da linguagem?
3. Como poderiam as particularidades físicas, tais como os traços faciais em crianças com síndrome de Down, influenciar a fala dos pais e de outros adultos que convivem com essas crianças?

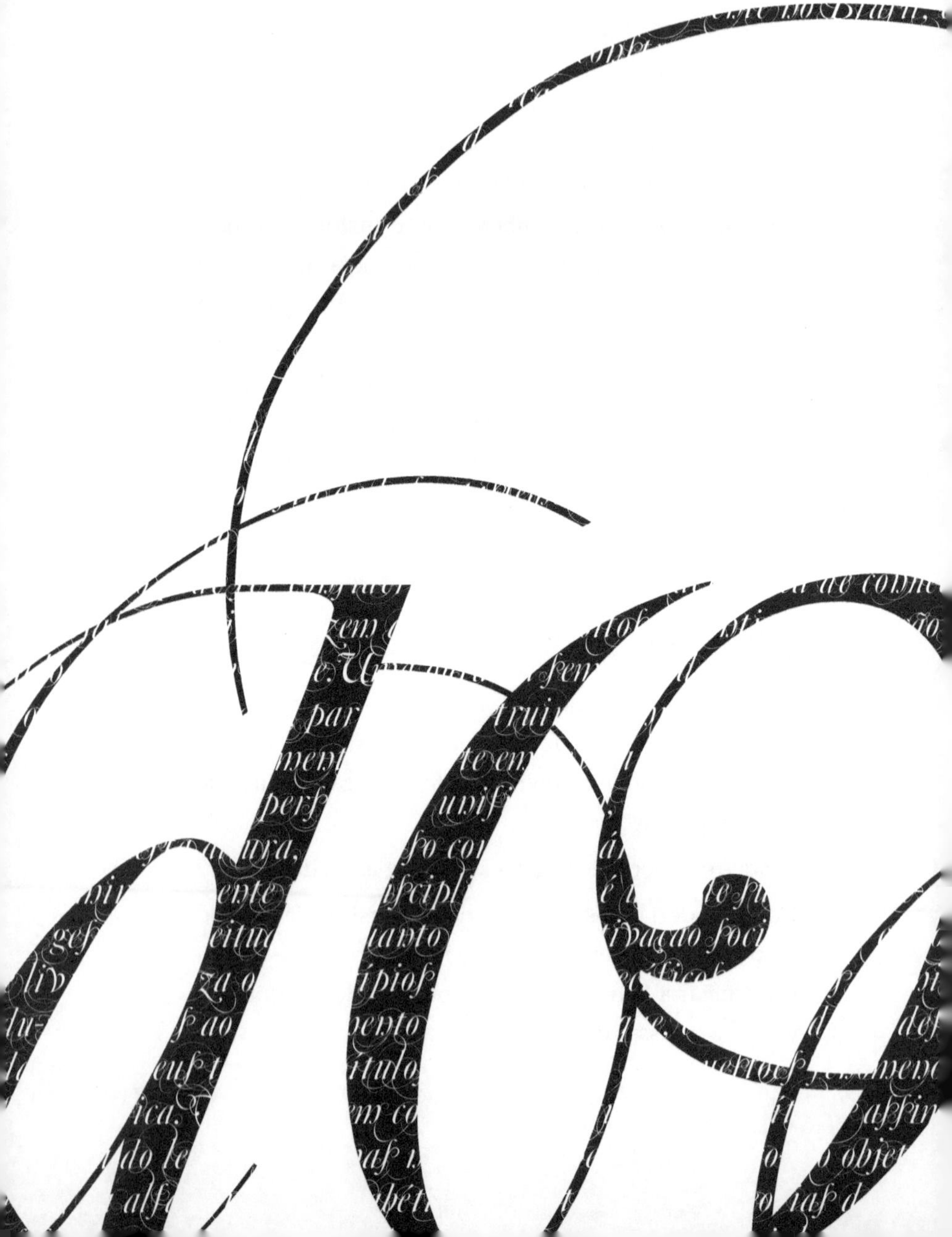

Psicolinguística aplicada ao letramento

Luiz Antonio Gomes Senna

7

Psicolinguística e sistemas gramaticais no campo da psicopedagogia

Na primeira parte deste livro, definiu-se a psicolinguística como a disciplina das ciências da linguagem cujo objeto de investigação é a capacidade humana de construir e empregar uma língua natural – a fala –, este traço tão peculiar à nossa espécie. Apesar de usarmos regularmente o termo linguagem para nos referirmos ao objeto da psicolinguística, tal como em expressões do tipo processo de aquisição da linguagem, raramente os estudos dessa área do conhecimento vão

Na primeira parte deste livro, definiu-se a psicolinguística como a disciplina das ciências da linguagem cujo objeto de investigação é a capacidade humana de construir e empregar uma língua natural – a fala –, este traço tão peculiar à nossa espécie. Apesar de usarmos regularmente o termo *linguagem* para nos referirmos ao objeto da psicolinguística, tal como em expressões do tipo *processo de aquisição da linguagem*, raramente os estudos dessa área do conhecimento vão além do campo da fala, restringindo-se, portanto, ao estudo da língua, bem mais restrito do que o domínio da faculdade de linguagem, definida por Ferdinand

Saussure como a capacidade humana de construir e empregar sistemas semióticos, tanto verbais quanto não verbais. Em muito, devemos o emprego do termo *linguagem* associado ao objeto da psicolinguística às versões portuguesas de estudos originariamente produzidos em língua inglesa, na qual o termo *language* emprega-se, indistintamente, com sentido de "linguagem" e de "língua". Na prática, convenhamos, pouco importa se consideramos a linguagem ou a língua o objeto de estudos da psicolinguística; porém, no que se refere à psicopedagogia, ou melhor, à contribuição da psicolinguística à psicopedagogia, sim, faz diferença nos referirmos a uma coisa ou outra.

O fato é que, no universo de atuação da psicopedagogia contemporânea, uma das questões escolares mais frequentemente associadas a custo de aprendizagem, especialmente nos sistemas públicos de ensino, é o **processo de construção da escrita**, particularmente a chamada *alfabetização inicial*, no âmbito da qual se desenvolve o conhecimento da estrutura e do sentido social de uso da língua escrita. Deixando-se de lado, por ora, as questões especificamente relacionadas ao desenvolvimento psicomotor e socioafetivo, uma parte significativa do processo de alfabetização inicial – concernente à construção e ao emprego do sistema gramatical da escrita – deve ser tomada como objeto de estudo no campo da psicolinguística. A partir dessa demanda da psicopedagogia quanto ao estudo da escrita no processo de alfabetização inicial, torna-se muito relevante definir com clareza o objeto de estudos da psicolinguística no domínio da linguagem, ou no da língua. Caso tivesse por objeto a **linguagem**, tomada como faculdade mental que capacita o homem a produzir quaisquer sistemas semióticos, então essa disciplina seria naturalmente capaz de explicar a construção e o uso da escrita, já que esta é mais um entre os vários sistemas existentes. Entretanto, sendo o objeto formal da psicolinguística mais restrito do que a linguagem, limitando-se apenas à **fala**, então suas contribuições teóricas somente poderiam ser aplicáveis ao estudo do processo de construção e emprego da escrita se, e somente se, ambas se resumissem a um mesmo sistema semiótico expresso de duas formas diferentes: oral e escrita. A hipótese de que fala e escrita compartilhem um único sistema gramatical é clássica e tem acompanhado a cultura escolar e linguística desde longa data.

Contudo, não podemos esquecer que, em diversos momentos da história da humanidade, sobretudo na Idade Moderna, a hipótese de que escrita e fala fossem uma só língua resultou muito mais do desejo de dar ao sujeito social uma forma culta e civilizada do que de uma constatação, propriamente dita, de que houvesse um só sistema gramatical subjacente a ambas. À medida que, no decorrer do século XX, a representação social de ser humano foi se tornando cada vez mais aberta a novas subjetividades e fisionomias culturais, também foi se tornando desejável verificar diferenças materiais nas estruturas da fala e da escrita, admitindo-se, então, a possibilidade de que fossem dois sistemas gramaticais distintos.

Tratando-se de dois sistemas semióticos distintos e autônomos entre si, aquilo que se apresenta na psicolinguística com referência à fala não obrigatoriamente se aplica à escrita. Vale dizer, portanto, que no interesse particular da psicopedagogia, no que concerne ao estudo das condições de construção e uso da escrita, o programa atual da psicopedagogia não oferece necessariamente uma contribuição teórico-conceitual aplicável. Tendo em vista a necessidade específica de uma abordagem psicolinguística do processo de construção da escrita para o psicopedagogo, este capítulo tem os seguintes objetivos:

- caracterizar as singularidades gramaticais e representacionais que nos permitem definir as línguas oral e escrita como sistemas distintos e independentes entre si;
- apresentar as linhas gerais de um programa de estudos no campo da psicolinguística, destinado a apresentar explicação teórico-descritiva para a produção escrita desenvolvida por sujeitos em processo de alfabetização.

Para organizar seus estudos, tenha em conta que este capítulo está dividido em quatro partes intercomplementares, a saber: 1) considerações sobre as propriedades e as motivações de um programa de estudos no campo da psicolinguística aplicável à psicopedagogia; 2) caracterização das diferenças gramaticais que atestam a natureza da fala e da escrita como línguas distintas entre si; 3) singularidades da fala e da escrita do ponto de vista de suas respectivas formas de representação cognitiva; 4) considerações finais sobre um programa de psicolinguística aplicável à atividade profissional do psicopedagogo. Ao final de cada seção, desenvolva as propostas de discussão ou de estudos complementares.

> ### Discuta mais...
>
> 1. O que entendemos por faculdade de linguagem?
> 2. Por que o campo da psicopedagogia sugere a necessidade de se discutirem as diferenças entre a fala e a escrita?

Estudo complementar

O livro *Curso de linguística geral*, compilado pelos alunos de Ferdinand Saussure após sua morte no início do século passado, é ainda hoje referência obrigatória para todos os que buscam compreender o sentido da linguística moderna, podendo ser encontrado na maioria das bibliotecas, ou em livrarias especializadas, ou, ainda, na internet, em uma versão em espanhol disponível no endereço eletrônico indicado a seguir.

Nesse livro, leia a introdução e o primeiro capítulo, chamado "Um olhar sobre a história da linguística", e identifique os argumentos de Saussure em favor de uma ciência linguística dedicada à fala, em substituição à tradição filológica, que tinha a escrita como objeto de interesse.

SAUSSURE, F. **Curso de lingüística general**. 24. ed. Buenos Aires: Editorial Lousada, 1945. Disponível em: <http://www.liccom.edu.uy/bedelia/cursos/semiotica/textos/saussure_linguistica.pdf>. Acesso em: 19 mar. 2010.

No que consiste um programa de psicolinguística?

O programa de uma disciplina – também chamado *agenda* – consiste no conjunto de conteúdos tomados como objeto de interesse para a realização de estudos, sejam temas, conceitos ou objetos materiais a serem descritos. Todo programa é uma opção subjetiva e política, cuja formulação varia de tempos em tempos e de região para região, conforme o interesse da comunidade de pesquisadores. Mesmo no campo das ciências exatas e da terra, os seus respectivos programas não são propriamente determinados pelo conteúdo estudado em si, mas pelo entendimento que os pesquisadores fazem do conteúdo, do modo de construção de conhecimento e de sua aplicabilidade no campo pragmático. Em ciências humanas, a subjetividade dos programas é ainda mais significativa, tendo em vista que os próprios objetos de interesse são conceitos cuja formulação depende de uma série de arranjos simbólicos elaborados pelo pesquisador.

Alguns dos princípios fundamentais dos programas de todas as disciplinas acadêmico-científicas não são explícitos, permanecendo apenas implícitos. Trata-se dos valores culturais e dos modos de compreensão de mundo assumidos pelos pesquisadores, muitas vezes inconscientes até mesmo para estes. Assim, por exemplo, é tão disseminada na cultura dos cientistas a concepção de que o número é um conceito baseado em unidades objetivas, que jamais se imaginou haver alguma matemática baseada em operações numéricas estimadas, em que os números sejam conceitos abertos, como os expressos em pronomes indefinidos do tipo *vários*, *poucos* etc. Uma "matemática de unidades objetivas" e uma "matemática de conceitos abertos" não seriam duas matemáticas diferentes, mas dois programas distintos, com profundas diferenças entre si. Observemos, entretanto, que as diferenças entre ambos os programas começam antes mesmo da definição dos tipos de conceitos de número; começam na definição do tipo de sujeito sociocultural imaginado pelo pesquisador como capaz de realizar operações matemáticas. Eis, então, a dimensão política dos programas das disciplinas: **em quem se baseia e a quem se destina o corpo teórico desenvolvido em certa disciplina?**

Ao longo dos séculos, apesar das mais expressivas mudanças nos processos de produção de conhecimento científico e no entendimento acerca do papel da ciência para o desenvolvimento humano, a figura cultural que inspira a maioria dos programas científicos ainda é constante: o **sujeito cartesiano**. Entendemos por sujeito cartesiano o cidadão da cultura moderna, concebido segundo os padrões de comportamento social e intelectual determinados por René Descartes (daí o seu nome, *sujeito cartesiano*) em termos ideais, no século XVII. O sujeito cartesiano foi desde então abraçado pelos pesquisadores, tanto por ser constituído à própria imagem e semelhança destes como por lhes apresentar a facilidade de poderem orientar suas investigações sobre uma figura não sujeita a variações de qualquer espécie, sempre capaz de compreender o mundo descrito e representado pelos cientistas e, acima de tudo, de reconhecer o valor de verdade na palavra da ciência. E assim se deu que, no desenvolvimento das ciências humanas ao longo do século XIX, foi o sujeito cartesiano que nos serviu de modelo para os estudos que, já nas primeiras décadas do século XX, resultariam no conceito de *mente*, este que é um pressuposto essencial em todos os ramos do conhecimento que abordam o desenvolvimento intelectual ou a aprendizagem.

Do mesmo modo que elegeu o sujeito cartesiano como uma figura estável e universal, a cultura científica moderna elegeu a **escrita** como instrumento de expressão, sobretudo porque esta, diferentemente da fala, submete-se ao controle de normas e regras de natureza estatutária. Por esse motivo, a imensa maioria dos fatos gramaticais chegou-nos aos dias atuais como herança de uma compreensão das línguas naturais orientada por um programa de estudos que tem a escrita como objeto e o sujeito cartesiano como usuário. Mesmo na linguística moderna, a partir do século XX, a opção pelo foco sobre a fala não foi acompanhada de um esforço teórico-descritivo para examinar a natureza gramatical da fala propriamente, daí resultando que, mesmo tomando-a como objeto, utilizou-se de todo um conjunto de princípios relacionados ao programa clássico de estudos sobre a escrita.

A psicolinguística herdou os mesmos programas de estudos empregados nos demais ramos da linguística, mesmo no caso das vertentes de cunho neurofisiológico, surgidas no final do século XX como desdobramento da teoria gerativa. Tal herança pode ser caracterizada com base na definição do sujeito da gramática como **falante-ouvinte ideal**, assim apresentado desde os anos de 1960, quando da publicação do famoso livro *Aspects of the Theory of Syntax*, em que Noam Chomsky expôs a primeira versão de sua teoria gerativa, uma brilhante construção acadêmica. A figura do falante-ouvinte ideal confunde-se com a própria figura do sujeito cartesiano, totalmente controlado por parâmetros lógico-formais de estruturação frasal, alheio às dinâmicas comunicativas próprias da fala. Convém ressaltar que, à época, o programa de estudos da teoria gerativa derivara do campo da matemática aplicada, com vistas ao desenvolvimento da computação e da inteligência artificial, no âmbito das quais sempre prevaleceram figuras ideais de natureza atemporal e universal sobre os sujeitos sociais reais.

A transposição do programa linguístico, que deu corpo à psicolinguística, para o campo da psicopedagogia aconteceu ainda nos anos de 1970, quando esta dava seus primeiros passos. No entanto, poucos anos mais tarde, por força dos fatos sociais que marcaram o final do século XX, a hegemonia cultural do sujeito cartesiano foi paulatinamente sendo denunciada como uma das responsáveis pelo estado de exclusão social e miséria humana entre os povos periféricos da cultura moderna. Então, particularmente a partir de movimentos oriundos do campo da educação, outras figuras sociais foram sendo trazidas para o interior das discussões acadêmicas, não tardando que se começassem a formular novas hipóteses sobre o funcionamento da mente humana e sobre os processos de construção e uso das línguas naturais. Influências como as de Lev Vygotsky e Jerome Bruner provocaram um profundo alargamento do conceito acadêmico de mente, permitindo a compreensão de que as bases universais da cognição humana proporcionam ao homem uma mente capaz de se desenvolver individualmente, sob bases as mais singulares e diversas daquelas então atribuídas ao sujeito cartesiano.

Uma das consequências mais importantes deste alargamento do conceito de mente foi a abertura dos estudos linguísticos para a descrição particular dos estados de fala, os quais passariam, então, a ser considerados como um objeto formalmente diverso da escrita. Mais do que diferenças estruturais, fala e escrita passam a ser vistas como sistemas de representação distintos, operados com base em unidades e funções de naturezas igualmente distintas. Vale dizer, portanto, que a própria linguística descritiva – responsável pela descrição e pela explicação dos fatos gramaticais – criou a demanda de um alargamento dos programas da psicolinguística. No que concerne à psicopedagogia, esta é uma questão imprescindível, tendo em vista que um dos problemas mais agudos da educação formal contemporânea é justamente o **custo no processo de construção da escrita**, preponderantemente entre os sujeitos sociais originários das periferias da cultura moderna, em esferas públicas nas quais o sujeito cartesiano não é a figura sociocultural preponderante.

A falta de clareza entre os limites que aproximam ou distanciam a fala e a escrita tem resultado no entendimento de que é possível transferir para o estudo do processo de construção da escrita aquilo que a psicolinguística supostamente atribui ao desenvolvimento da fala. Como fazê-lo, entretanto, se o programa da psicolinguística se encontra tradicionalmente vinculado à figura de um sujeito social que exclui o modelo de aluno da educação contemporânea, culturalmente plural e legitimado como sujeito cognoscente com características específicas? A exemplo disso, um dos marcos teóricos que dão embasamento a práticas de alfabetização de natureza construtivista sustenta-se no princípio piagetiano de que uma experiência de aproximação empírica à escrita resulta em um processo de desenvolvimento intelectual que parte de estados primários de desconhecimento do sistema do código escrito, passa por vários estágios de elaboração de hipóteses (assemelhados ao processo de acomodação na teoria geral de Piaget) e culmina no desenvolvimento da escrita em sua forma canônica, dita *ortográfica*. A despeito da simplificação na forma como foi descrito aqui, é este o modo como se explica o processo de alfabetização na **Psicogênese da Língua Escrita**, clássica teoria formulada por Emilia Ferreiro e Ana Teberosky, que será analisada em detalhes no próximo capítulo. Nessa teoria, além dos princípios piagetianos de desenvolvimento, agregam-se princípios da psicolinguística tal como formulada por Noam Chomsky nos primórdios de sua teoria gerativa, aludindo-se, nesse caso, aos **universais linguísticos**, que seriam os instrumentos aplicados pelo sujeito em processo de alfabetização como base *a priori* das hipóteses sobre a estrutura do código escrito, levantadas ao longo do processo de alfabetização.

Tal pressuposição teórica arrolada na Psicogênese da Língua Escrita sustenta-se, por sua vez, em uma pressuposição anterior – a de que possa haver alguma homogeneidade nas estruturas da fala e da escrita, com base na qual se possa aplicar o mesmo tipo de conhecimento disponível no âmbito dos universais linguísticos nos processos de construção de uma e de outra. Levada a termo na prática de alfabetização escolar, contudo, a Psicogênese deparou-se com inúmeras situações de alunos que:

1. ou não são capazes de ultrapassar etapas caracterizadas pelo emprego de formas gráficas não alfabéticas – **grafismos pré-alfabéticos** –, persistindo, assim, com o uso de grafismos livres de condicionamentos associados ao código socialmente reconhecido como alfabeto;
2. ou, ainda que se aproximando do emprego das formas gráficas típicas do alfabeto, não demonstram capacidade de produzir formas escritas reconhecidas como termos da língua escrita objeto do processo de alfabetização.

Nos dois casos – muito frequentes entre crianças encaminhadas a serviços de apoio escolar –, observa-se claramente que o processo de construção da escrita não se confunde com o processo de desenvolvimento da fala, também denominado *processo de aquisição da fala*. No caso do desenvolvimento da fala, pode-se arrolar como verdadeira a hipótese de que algum tipo de conhecimento inato oriente a criança e a conduza ao domínio do código da fala, independentemente do tipo de experiência de escuta de falantes de sua comunidade linguística ou das condições gerais em que essa criança se insere na sociedade. Já no caso da escrita, uma experiência assemelhada à da aquisição da fala não acarreta resultados iguais entre todos os sujeitos em processo de alfabetização, permitindo-nos concluir que não se trata de um caso de **desenvolvimento**, mas, sim, de **aprendizagem**. E no que consiste, então, a diferença entre um caso e outro?

Compreende-se por desenvolvimento o processo que se dá a partir de uma predisposição biológica, no caso dos seres humanos, **filogenética**, ou seja, própria da natureza genética da espécie humana. A escrita alfabética não é um traço filogenético em nossa espécie, haja vista a imensa quantidade de pessoas ao redor do mundo cujas culturas não empregam códigos alfabéticos. Nenhum ser humano não instado a optar conscientemente pela construção do código escrito há de construí-lo, diferentemente da fala, a qual todo homem adquire independentemente de desejo ou emprego da razão. Por esse motivo, a escrita consiste em objeto de aprendizagem, e não de desenvolvimento.

Ao falarmos de um **processo de construção da escrita**, não nos referimos, portanto, ao mesmo que **processo de aquisição da fala**. É por essa causa que se vem empregando contemporaneamente o termo *letramento*, em referência ao processo de aprendizagem que leva o sujeito ao domínio de práticas sociais que envolvem o planejamento e o uso de ferramentas de escrita. A questão que se coloca em face da demanda escolar de letramento é: qual é o conhecimento adequado para explicar o processo mental de construção da escrita e os diversos tipos de comportamento gráfico empregados pelos alunos ao longo desse processo? Eis a questão que deve ocupar a centralidade de um programa de psicolinguística aplicada à psicopedagogia.

Um programa de psicolinguística adequado à atuação escolar do psicopedagogo deve ter em conta que os sujeitos sociais que empregam fala e escrita são diversos e predispostos ao emprego de propriedades cognitivas variáveis a ponto de lhes facultarem a representação mental, tanto da fala quanto da escrita, de modos diferentes entre si. Deve ter em conta, também, que as produções de fala e de escrita não assemelhadas aos padrões de aceitação da cultura dominante (normalmente denominados *padrões cultos das línguas*) podem ser explicadas como consequência natural do processo de aprendizagem da cultura escrita, do letramento, portanto, e não como erros ou reflexos de patologias neurofisiológicas. O reconhecimento das propriedades específicas dos sistemas gramaticais da fala e da escrita permite-nos traçar os limites de investigação do programa de psicolinguística de que vimos tratando aqui, além de nos proporcionar a oportunidade de apreciar alguns casos peculiares de produção de escrita tipicamente relacionados ao aluno com histórico de custo de alfabetização. Trataremos disso nas duas próximas seções.

Discuta mais...

1. No que consiste o programa de uma disciplina acadêmico-científica?

2. O que são princípios implícitos nos programas das disciplinas?

3. O que a figura do sujeito cartesiano tem a ver com a dimensão política das disciplinas acadêmico-científicas?

4. Por que o programa da educação contemporânea veio a interferir nos programas das ciências humanas?

5. Qual a diferença entre desenvolvimento e aprendizagem, em face das diferenças entre fala e escrita?

Estudo complementar

1. A postulação de novos programas para as disciplinas associadas à educação não é algo restrito à problemática da alfabetização. Em seu texto *O programa etnomatemático*, Ubiratan D'Ambrosio traz argumentos muito semelhantes aos que discutimos neste capítulo, porém no campo da educação matemática, que é parte do processo de letramento. Leia esse texto, que se encontra disponível no endereço eletrônico indicado a seguir, e reflita sobre os pontos de contato entre a educação matemática e a alfabetização a serem assinalados para o professor dos anos iniciais do ensino fundamental.

   D'AMBROSIO, U. **O programa etnomatemático**. Disponível em: <www.fe.unb.br/etnomatematica>. Acesso em: 19 mar. 2010.

2. Leia o texto *Categorias e sistemas metafóricos: um estudo sobre a pesquisa etnográfica*, disponível no endereço eletrônico indicado a seguir, e, em seguida, discuta: (a) qual a origem da figura social do chamado *sujeito cartesiano*; (b) de que forma esta figura social determinou o sentido que a escola atribui ao termo *aluno*.

   SENNA, L. A. G. Categorias e sistemas metafóricos: um estudo sobre a pesquisa etnográfica. **Educação em Foco**, Juiz de Fora, v. 11, n. 1, p. 169-188, mar./ago. 2006. Disponível em: <www.senna.pro.br/biblioteca/categorias_etnografia.pdf>. Acesso em: 10 mar. 2010.

Os sistemas gramaticais da fala e da escrita

Parte dois
Capítulo 7

As línguas humanas são instrumentos de representação de conhecimentos e de expressão, constituídos na forma de sistemas gramaticais. Um sistema gramatical é composto por dois tipos de material:

1. um corpo de categorias gramaticais que se articulam entre si em certas unidades chamadas *estruturas gramaticais*;
2. um modo de funcionamento, que define o tipo de estruturas gramaticais e os tipos de operações que, empregando as estruturas, formam frases.

Dependendo do tipo de abordagem linguística – em outras palavras, do programa de linguística –, a concepção teórica do sistema gramatical de uma língua pode ou focalizar os processos de formação de frases ou períodos, ou focalizar os processos de formação de unidades discursivas.

Vejamos detalhadamente cada uma dessas noções, antes de avançarmos no estudo dos sistemas gramaticais da fala e da escrita.

A noção de sistema nos estudos gramaticais

Entende-se por *sistema* um conjunto de elementos que mantêm algum tipo de relação entre si de forma a constituir um todo organizado. A diferença entre um sistema e outros tipos de conjuntos reside no fato de que naquele cada elemento concorre para a realização de certa função e, a partir da inter-relação das funções exercidas pelos diversos elementos, resulta um objetivo que é típico de cada sistema. Desde o século XIX, a noção de sistema tornou-se central nas ciências humanas, a partir do conceito de **sistemas simbólicos** (entre os quais se encontram as línguas naturais), cuja concepção teve por finalidade dar ao estudo dos fenômenos mentais um formato similar ao dado pela medicina ao estudo dos sistemas vitais humanos. A esse movimento de tomar os sistemas simbólicos como objeto de estudos deu-se a denominação de *estruturalismo*.

Como o nome já anuncia, o estruturalismo é o movimento científico que busca identificar a estrutura dos sistemas simbólicos, **classificando seus elementos constituintes**, **definindo sua função** e **identificando as relações** que estabelecem entre si para assegurar ao sistema a capacidade de cumprir seu objetivo. No âmbito do estruturalismo, a unidade básica de um sistema consiste em uma **estrutura**, a qual se pode definir como uma relação funcional entre dois ou mais termos reconhecidos de um sistema. Em representação notacional, uma estrutura A representa a relação funcional entre a_1 e a_2, que são termos do sistema S. Disso resulta a notação:

$$\frac{A\,(a_1,\,a_2)}{S}$$

...que se lê como: *no sistema "S", existe a estrutura "A", que representa a relação funcional contraída pelos termos a_1 e a_2*.

Existem as mais variadas maneiras de se conceber a forma das estruturas de um sistema, ou mesmo a própria natureza do sistema. Se a doutrina científica assume a posição de que o sistema simbólico seja uma entidade fixa, universal e não afeita a transformações no tempo, então o conceberá como uma entidade estática cujas estruturas jamais sofram modificações. Se, por outro lado, a doutrina compreende o sistema como algo líquido, sujeito ao tempo e a variações as mais diversas, então o conceberá como uma entidade aberta cujas estruturas sejam dinâmicas. Nos estudos gramaticais, a fala é um sistema aberto por natureza, uma vez que sua história se confunde com a própria história da comunidade linguística que a utiliza. Entretanto, somente nos anos de 1980, a **teoria da variação linguística** legitimou a natureza da fala como sistema em constante processo de modificação. Até então, compreendia-se que as variações sofridas pela fala pudessem ser interpretadas como "erros" ou como degenerações estruturais, sempre a serem corrigidas por se constituírem em mau uso da língua. Em uma cultura que compreende a liquidez da fala como mau uso da língua, a escrita ganha vulto e valor, pois esta é um sistema fechado cujas estruturas podem ser controladas pelo tempo que se desejar.

Uma outra questão relacionada ao estudo dos sistemas, advinda da tradição científica desde Francis Bacon, é a possibilidade de tratar das estruturas em cadeias hierárquicas, formando-se níveis de representação que partem dos patamares mais elementares para os mais complexos. Contudo, contrariando a definição primária de sistema, não raramente, as doutrinas científicas acabam por selecionar um dos níveis de representação como objeto de estudos, desvinculando-o dos demais e atribuindo ao nível em si um *status* de sistema. Na caso da língua, esses níveis hierárquicos dividem-se em:

a) **Nível das unidades materiais** – Também chamado *nível fonológico*, compreende as representações mentais que regulam o modo como as pessoas articulam e compreendem os sons da fala.

b) **Nível das unidades lexicais** – Também chamado *nível morfológico*, compreende as representações mentais que correspondem ao conhecimento das palavras, dos processos por meio dos quais são formadas e dos papéis que exercem na representação do conhecimento.

c) **Nível das relações interlexicais** – Também chamado *nível morfossintático*, compreende as representações mentais que indicam as transformações que se dão nas palavras quando em relações com outros termos na estruturação da frase, tal como no caso das regras de concordância ou nas conjugações verbais.

d) **Nível das relações lógico-funcionais** – Também chamado *nível sintático*, compreende as representações mentais que interpretam as funções exercidas pelos termos quando distribuídos nas várias funções gramaticais da frase.

No século passado, por força de movimentos culturais diversos, os estudos sobre os sistemas linguísticos receberam mais um nível hierárquico, relativo ao conhecimento mental que leva em conta o efeito comunicativo provocado pela enunciação, também chamado *nível pragmático*, termo alusivo ao uso concreto da língua em situações comunicativas. O nível pragmático teve um papel importantíssimo nos estudos gramaticais, pois, de certa forma, foi embrião da revolução que viria a dar-se logo a partir da teoria da variação e, posteriormente, na concepção teórica de sistemas abertos, já no final do século XX.

Na concepção dos sistemas simbólicos, há um último aspecto a ser considerado, o mais recentemente introduzido no campo da linguística. Quando se considera o sistema gramatical isolado de outros sistemas dentro da mente humana, não se percebe que, apesar de todo o aparato que lhe é peculiar, existe um sujeito que o opera segundo suas intenções e modos de pensar. A psicologia cognitiva contemporânea já trabalha com noções como a de **estilo cognitivo** as quais possibilitam admitir-se a existência de variações nas formas como o ser humano faz uso de seu aparato intelectual, daí resultando diferentes formas de realizar uma mesma operação mental. A ideia de uma mente apta a operar diferentes estilos cognitivos origina-se do entendimento de que o modelo de cognição tradicionalmente presente nos estudos sobre a mente vincula-se tão somente a um tipo de sujeito social, representado na figura do sujeito cartesiano, relegando à marginalidade, ou à anormalidade, todos os demais.

No campo dos estudos gramaticais, a concepção de modos não tradicionais de emprego dos sistemas derivou do amadurecimento dos estudos relativos ao uso da língua falada em situações concretas de comunicação, cujas dinâmicas não poderiam ser adequadamente descritas e explicadas pelo modo como se vinha compreendendo o funcionamento das unidades e suas relações nos sistemas gramaticais até então. A título didático, consideremos aqui dois modos de operar os sistemas gramaticais:

1. o **modo científico**, regulado por princípios operacionais determinados pela tradição cartesiana, com unidades fechadas e atemporais;
2. o **modo narrativo**, regulado por princípios operacionais não determinados pela tradição cartesiana, circunstanciais (ou seja, sensíveis ao contexto em que estão sendo usadas as operações), com unidades abertas e sujeitas a transformações no tempo.

Tais modos serão analisados com mais vagar no próximo capítulo.

Duas línguas podem ser consideradas distintas entre si, se constituírem sistemas gramaticais com propriedades distintas em um ou mais dos seus níveis hierárquicos e no modo como são mentalmente operadas. Vejamos, então, como se comportam as línguas oral e escrita em face das propriedades de seus respectivos sistemas gramaticais.

Discuta mais...

1. O que é um sistema gramatical?
2. Por que se diz que o tratamento das línguas naturais como sistemas é uma tentativa de tratá-las como se fossem um objeto biológico?
3. O que se compreende por *estruturalismo*?
4. O que significa a expressão $A\ (a_1, a_2)/S$?
5. Por que a escrita não é um sistema aberto como a fala?
6. Quais os cinco níveis em que se articula um sistema gramatical?

Estudo complementar

1. Amplie seu conhecimento sobre a noção de estrutura e a problemática relativa à caracterização da fala e da escrita como duas línguas distintas com a leitura do texto *A gramatologia, uma ruptura nos estudos sobre a escrita*, de Sonia Mota, disponível no endereço eletrônico indicado a seguir.

   MOTA, S. B. V. da. A gramatologia, uma ruptura nos estudos sobre a escrita. **Delta**, São Paulo, v. 13, n. 2, ago. 1997. Disponível em: <http://www.scielo.br/scielo.php?script=sci_arttext&pid=S0102-44501997000200006&lng=en&nrm=iso>. Acesso em: 22 mar. 2010.

> 2. Aproveite para ler também uma crítica ampliada ao modo pelo qual o pensamento estruturalista da linguística influenciou a educação no texto *Linguagem e aprendizagem: do mito ao sujeito cognoscente*, disponível no endereço eletrônico indicado a seguir.
>
> SENNA, L. A. G. **Linguagem e aprendizagem**: do mito ao sujeito cognoscente. Disponível em: <http://www.senna.pro.br/biblioteca/abenep2000.pdf>. Acesso em: 22 mar. 2010.

Fonemas e grafemas

O senso comum associa os fonemas aos sons da fala, definindo-os como as unidades mínimas da camada sonora das línguas naturais. Na realidade, entretanto, os sons da fala emitidos pelo falante e percebidos pelos ouvintes como sinais acústicos são chamados *fones* e, em diversas correntes teóricas, não são sequer considerados como objeto de estudos das ciências da linguagem. O **fonema** é uma representação mental, de caráter abstrato portanto, cuja relação com os sons emitidos na fala é muito complexa. Do mesmo modo, costuma-se dizer que o termo *grafema* refere-se às letras do alfabeto, mas, tal como no caso dos fones e dos fonemas, os grafemas são representações mentais e as letras, as formas gráficas empregadas no sistema de escrita alfabética. Vejamos como se explicam esses fatos, a começar pelo caso dos grafemas.

Os códigos escritos têm em comum o emprego de um conjunto de formas gráficas eleitas segundo uma convenção aceita por uma determinada comunidade linguística. Nem todos os códigos escritos se utilizam formas gráficas em forma de letras, tal como no sistema alfabético romano empregado na língua portuguesa escrita, no do grego escrito (αβγδεζφ...), no cirílico, empregado pelo russo escrito (бгдлфч...), ou no árabe (ذجخفثيب...). As línguas escritas orientais adotam o sistema ideográfico, cuja característica reside na expressão de conjuntos de ideias que formam conceitos, e não palavras propriamente, por meio de ideogramas, como mostrado na figura a seguir.

Figura 7.1 – Ideogramas empregados na escrita chinesa

As formas gráficas em si não são mais do que grafismos calcados sobre uma superfície qualquer. Contudo, se um grafismo pode ser associado a uma forma que, por convenção, é reconhecida como parte de um código escrito, então, trata-se de um grafema. Logo, uma forma gráfica se torna grafema quando reconhecida como parte de um código escrito. Por isso, formas materialmente diversas, como na sequência {A, a, A, a, *A*, *a*, A, a, ℂ, ₐ}, são diferentes letras, porém um único grafema no português escrito. Existe, portanto, um grafema *A*, que é a representação mental atribuída a diferentes formas de letras empregadas na língua portuguesa escrita.

A relação de diferentes tipos de letras com um único grafema tem sido, há longa data, objeto de estudos pelas ciências da cognição, inclusive a linguística, segundo a qual esta é uma relação entre um conceito-padrão (do inglês *type*), marcado por certos traços característicos essenciais, e objetos reais (do inglês *token*), cujas propriedades são reconhecidas como semelhantes às do conceito-padrão. Até os dias de hoje, não se tem muita clareza sobre o modo como a mente constrói tal conceito-padrão, tampouco como estabelece relações de comparação entre este e as propriedades dos objetos reais. Contudo, tal como no caso de outros tipos de relações entre conceitos mentais e objetos reais, além da teoria "*type/token*", não há outra mais interessante para explicar o tipo de operação mental que permite ao homem lidar com a pluralidade dos objetos reais associando-os a conceitos previamente estabelecidos.

A relação entre os fonemas e os sons da fala é ainda mais complexa. Somente no início do século XX, a partir das aulas de Saussure, formalizou-se a distinção entre a matéria física da fala – o som, que se produz na boca e se propaga em ondas sonoras – e o conceito mental de som representado pelo falante ao longo do processo de aquisição da língua. Coube a Saussure diferenciar o conceito mental, chamado *fonema*, do material fônico, chamado *fone*. A partir de então, inúmeras correntes teóricas passaram a estudar esse fenômeno representacional que se dá na relação entre um conceito (um *type*, como o grafema no caso da escrita) e os sons da fala a ele associados (os *token*, como as letras da escrita), no campo de um ramo da linguística denominado *fonologia*. Desde aí se deu uma certa controvérsia quanto ao que importaria, de fato, a uma teoria linguística sobre o suporte material da fala: ou o estudo das propriedades representacionais dos fonemas de uma língua – centrado, portanto, no processo mental que delimita cada conceito fonêmico e seu uso no sistema da língua –, ou o estudo das propriedades dos sons materiais da fala, compreendendo-se, assim, que tais propriedades seriam justamente os elementos empregados pela mente para fins de representação fonêmica.

Mais ou menos em meados do século XX, ambas as correntes teóricas acabariam por se aproximar, ainda que por caminhos próprios. Na Europa, desenvolveu-se um tipo de abordagem sobre o fonema que lhe cunhou um papel na dinâmica de uso do sistema de sons integrados de uma língua. Trata-se do que se denominou *funcionalismo*, uma corrente de estudos que se expandiu por todos os ramos da linguística e cujo valor consistiu na introdução do princípio de que os conceitos fonêmicos, apesar de constantes, têm de dar conta de uma série de dinâmicas próprias do uso dos sons de cada língua ou dialeto. Compreendeu-se que as variações ocorridas nas falas das pessoas não são aleatórias, mas resultado de certos princípios funcionais que regem a estruturação geral dos sistemas de fonemas. Assim, por exemplo, explica-se o fato de que, em línguas cujos fonemas vocálicos variem segundo o timbre aberto ou fechado, como no caso dos pares /e/ (como em /jelu/ – *gelo*) e /ɛ/ (como em /vɛla/ – *vela*), ou /o/ (como em /bolu/ – *bolo*) e /δ/ (como em /kδRda/ – *corda*), caso exista algum contexto em que jamais se use um dos fonemas abertos, é provável que o fenômeno também atinja o outro fonema aberto, por compartilharem o mesmo traço característico, o timbre aberto.

O funcionalismo resultou revolucionário nas ciências da linguagem, porque deu um salto adiante no estudo da língua como sistema vivo, dotado de princípios que explicam e facultam sua transitoriedade. Paralelamente, nos Estados Unidos, desenvolvia-se uma versão não mentalista de fonologia, igualmente destinada a prover uma descrição apurada das propriedades físicas dos sons da fala, definindo os fonemas e suas variações a partir de sua distribuição na sentença, ou seja, do contexto fonético em que se encontravam. O caráter matemático desta corrente que se denominou *fonologia físico-distribucional* viria, por sua vez, a ser agregado ao movimento de uma nova e revolucionária teoria de descrição gramatical, chamada *teoria gerativa*. As bases da fonologia gerativa foram lançadas por Noam Chomsky e Morris Halle, em 1968, no livro *The Sound Pattern of English*, tendo por princípio as seguintes noções:

a. Existe um conjunto de propriedades essenciais dos sons da fala que é parte integrante dos universais linguísticos e reúne todos os traços capazes de produzir qualquer som da fala humana.

b. Fonema é uma entidade acústica constituída pela reunião de um conjunto de propriedades, chamadas *traços distintivos*, reunidas a partir do conjunto de propriedades essenciais dos sons da fala.

c. Todo fonema é uma entidade líquida, sujeita a transformações e ajustes acústicos, derivados seja do contexto que ocupa numa cadeia sonora, seja de princípios gerais que organizam os sistemas fonológicos das línguas naturais.

Os universais linguísticos, arrolados por Chomsky e Halle, constituem o material universal inato, disponibilizado à criança em processo de aquisição da língua oral pelo **dispositivo de aquisição da linguagem**, tal como analisado na primeira parte deste livro. Observemos, portanto, que, em virtude de se arrolarem traços distintivos diretamente agregados aos universais linguísticos, o fonema tratado na teoria gerativa acaba tendo origem na mente, mesmo tendo propriedades e definição estritamente fisiológicas. Logo, tal modelo de inatismo, inspirado na filosofia de Immanuel Kant, gera a expectativa de que todo falante nativo de uma mesma língua construa, por um processo de desenvolvimento que é homogêneo para todos os falantes de línguas naturais, o mesmo conjunto de fonemas e o mesmo conjunto de regras transformacionais que ajustam os fonemas aos vários contextos fonéticos. Tal expectativa parece ser corroborada pelo fato, também pressuposto pela teoria gerativa, de que todos os falantes de uma mesma língua compartilham falas em que os mesmos fonemas e as mesmas formas transformadas são presentes, já desde idade bastante precoce.

Suponhamos, entretanto, que exista, de fato, um conjunto de propriedades dos sons da fala; que o fonema, igualmente, seja um feixe de traços distintivos reunidos entre os constantes no conjunto de propriedades; que existam regras capazes de explicar as transformações e as adaptações dos fonemas aos contextos fonéticos. Porém, suponhamos também que nada disso seja conhecimento inato, desenvolvido a partir do dispositivo de aquisição da linguagem. Bem, se for assim, tudo muda, pois o falante deverá desenvolver o conhecimento necessário para discriminar os fonemas e suas transformações. Tal hipótese não invalida outras premissas, como a existência de universais linguísticos e de um dispositivo de aquisição da linguagem, mas exige que se pense em outro tipo de material, ou outro tipo de operação cognitiva, para derivar as propriedades materiais do fonema a partir da experiência de escuta da fala adulta.

Haveria, então, algum outro modelo de mente humana com o qual se pudesse repensar o processo de construção dos conceitos mentais correspondentes aos fonemas das línguas naturais? Talvez, a pergunta mais adequada não seja quanto ao modelo de mente, mas quanto ao conceito de fonema – haveria algum outro **conceito de fonema** que pudesse ser empregado por uma mente não dotada de propriedades inatas na construção dos sons de uma língua natural? Voltando no tempo, nas proposições de Saussure, encontraremos ambas as respostas.

A teoria de Saussure tem por pano de fundo o modelo de mente apresentado pelo filósofo Henri Bergson, segundo o qual poderíamos explicar a consciência humana com base em dois movimentos:

1. o primeiro, de natureza sensorial, percebe, analisa e captura uma dada representação de mundo;
2. o segundo atribuiu um valor conceitual ao dado representado, que passa a ser empregado como uma representação estável do objeto.

Fato é que, todavia, o objeto não é estável – o mundo real não é estável e muda a cada instante – de modo que, segundo Bergson, nossa mente é capaz de se satisfazer com uma representação defasada durante todo o tempo em que as mudanças ocorridas passarem despercebidas. Explicar-se-ia, assim, por exemplo, por que temos dificuldade de dizer quando exatamente surgiu uma espinha no rosto, mesmo tendo olhado para ele diariamente através do espelho. Esta concepção de um valor conceitual estável, capaz de satisfazer a necessidade de nossa consciência em face de um mundo que jamais deixa de se transformar, foi exatamente o princípio que inspirou Saussure a propor a dissociação entre o fonema – o valor conceitual constante – e o fone – o objeto material, mutável a cada enunciação. Nessa concepção, o fonema é uma entidade que jamais pode ser enunciada, pois que, uma vez expressa, torna-se um fone, nada mais do que uma entre milhares de outras formas possíveis.

E que forma toma este conceito mental dito *fonema* por Saussure? Nesse caso, é a percepção sensorial do som da fala que determina a extensão do conceito fonêmico: quanto mais apurada e detalhada a análise do material capturado pelo aparelho sensorial, menor a extensão do fonema, pois este se torna mais precisamente orientado a um determinado feixe de propriedades fonéticas; quanto menos apurada e mais generalizante a percepção sensorial do som da fala, maior a extensão do fonema, pois este se torna menos preciso e orientado a um feixe de propriedades fonéticas mais genérico. Estamos, então, admitindo que o tipo de experiência que condiciona a percepção da fala durante o processo de aquisição da língua interfere de forma substantiva nos conceitos fonêmicos que cada um representa, embora isso não seja necessariamente percebido pelos membros de uma mesma comunidade de fala, porque nossa mente é intuitivamente programada para operar um fonema estável capaz de representar as mais variadas possibilidades de sons análogos.

A título de demonstração, consideremos, por exemplo, o caso de três falantes (A, B e C) em processo de aquisição da linguagem, em face de três fenômenos fonológicos distintos, a saber: /t/ (como em /tatu/ – *tato*), /s/ (como em /sapu/ – *sapo*) e /š/ (como em /šapεω/ – *chapéu*). Consideremos, também, que as propriedades essenciais dos três fonemas relacionem-se com as suas respectivas zonas de articulação no interior do aparelho fonador, tal como se busca representar no esquema apresentado na figura a seguir.

Figura 7.2 - Pontos de articulação

```
              3    2    1
Glote ────────●────●────●────────→ Fronteira da boca
             /š/  /s/  /t/
```

Como vimos anteriormente neste mesmo capítulo, os fonemas são entidades estáveis somente em nossa representação mental, pois na fala corrente os sons necessariamente sofrem ajustes. Desse modo, os pontos 1, 2 e 3 assinalados na Figura 7.2 não são mais do que indicadores de uma região no aparelho fonador em que se produz o padrão mais típico e distintivo de um conjunto possível de sons associados a um conceito fonêmico. Na realidade, entretanto, melhor seria representarmos no esquema não o ponto ideal, mas todas as regiões do aparelho fonador nas quais cada um dos fonemas pode ser produzido sem prejuízo de sua identificação pelos falantes da língua. Então, passaríamos a ter a figura a seguir.

Figura 7.3 - Zonas de articulação e de interseção

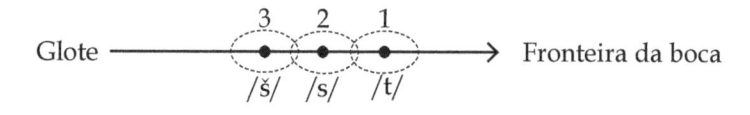

```
              3    2    1
Glote ────────●────●────●────────→ Fronteira da boca
             /š/  /s/  /t/
```

Observemos na Figura 7.3 a presença de certas zonas de interseção interfonêmicas que representam áreas em que a distintividade entre os pares de fonemas deixa de existir, já que dois deles podem ser expressos na mesma região. Nessas regiões, dá-se como se os pontos (3,2) e (2,1) passassem a ocupar o mesmo lugar no aparelho fonador. No português falado no Rio de Janeiro, tais fatos são responsáveis pelo sotaque africado (chiado) característico dos cariocas, a saber: o arquifonema /S/, caracterizado pela anulação de distinção entre /s/ e

/š/ em posição pós-vocálica, como em /paSta/ – *pasta*, que não é enunciado exatamente como um /s/ ou um /š/, mas, sim, como uma fusão de ambos; e o alofone africado /tš/ quando formando sílaba com a vogal /i/, como em /tšia/ – *tia*.

Entretanto, ainda podemos ir além nessa questão. A marcação dos pontos 1, 2 e 3 nas Figuras 7.2 e 7.3 reporta-se ao ponto ideal em que a língua se coloca na boca para enunciar os padrões de cada um dos fonemas. Além de se posicionar a ponta da língua em cada um dos pontos, é preciso provocar-lhe um movimento de contratura que, partindo de 1 para 3, a arredonde e, ao mesmo tempo, a faça erguer-se para trás. É esta posição final – arredondamento erguida para trás – que irá provocar o efeito africado (chiado) no fonema /š/ e em todos os demais casos de variantes africadas. Convenhamos, nada simples, sobretudo quando temos em conta que a criança em processo de aquisição da linguagem não vê o que se passa no interior da boca dos falantes à sua volta. Como a motilidade da língua é algo que varia muito de pessoa para pessoa, não é raro que crianças, e mais tarde adultos, acabem por apresentar problemas articulatórios envolvendo um ou mais desses três fonemas.

Não é raro, também, que só venhamos a perceber que algumas crianças encontraram problemas na representação dos fonemas como os apresentados nas Figuras 7.2 e 7.3, quando se iniciam no processo de construção da escrita. Retomemos, então, o caso dos falantes A, B e C, demonstrando suas representações fonológicas na figura a seguir.

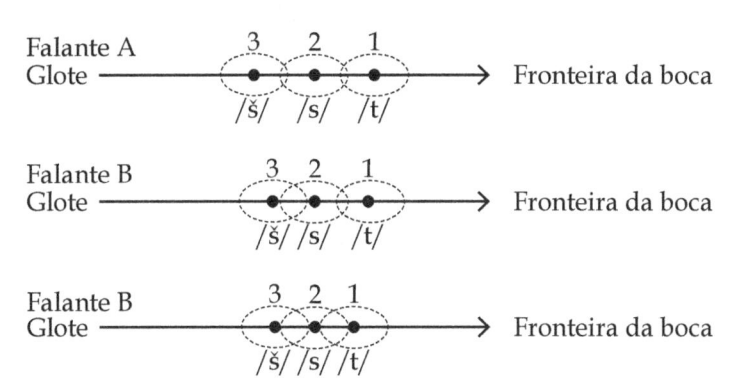

Figura 7.4 – Diferenças representacionais entre falantes

```
Falante A        3    2    1
Glote ─────────(•)──(•)──(•)──────→ Fronteira da boca
               /š/  /s/  /t/

Falante B        3   2   1
Glote ─────────(•)─(•)─(•)────────→ Fronteira da boca
               /š/ /s/ /t/

Falante B       3  2  1
Glote ─────────(•)(•)(•)──────────→ Fronteira da boca
               /š/ /s/ /t/
```

Os três falantes representados na Figura 7.4 são proficientes na língua que empregam em sua comunidade de fala, apresentando, porém, diferenças significativas na representação dos três fonemas. O falante A apresenta uma representação fonêmica similar à esperada com base na concepção tradicional de fonema, sendo capaz de discernir conscientemente, na grande maioria das vezes, as três entidades conceituais. O falante B já apresenta uma situação singular relativa à representação dos fonemas /s/ e /š/: a zona de interseção entre ambas as regiões de ocorrência dos fonemas é muito extensa, de modo que a distintividade entre si é menos clara do que no caso do falante A. Daí resulta que B, ainda que sendo capaz de empregar os fonemas na enunciação e na interpretação de frases da língua, terá dificuldade de torná-los como duas entidades distintas, empregando-os, desse modo, como alofones (variantes) de um mesmo fonema. Concretamente, tal situação costuma apresentar reflexos na fala, na forma de dislalias, ou seja, a ocorrência sistemática de uma forma fônica em lugar de outra, tal como em /šala/ e /supeta/ (*sala* e *chupeta*). Entretanto, na maioria das vezes, não apresenta reflexos perceptíveis na articulação da fala, permanecendo apenas no plano da representação conceitual dos fonemas, com reflexos episódicos na escrita, como veremos adiante.

O caso do falante C representa uma situação fonológica bastante singular, bem mais complexa do que o caso de B, cuja particularidade poderia ser analisada como um caso de alofonia (variação de um mesmo fonema). Observe-se no gráfico que as zonas de produção dos três fonemas encontram-se em interseção, anulando, então, teoricamente, sua distintividade funcional. É impossível concebermos um sistema representacional como este com base na concepção de fonema normalmente empregada no campo da fonologia, que o toma como uma **unidade** a ser distinguida e isolada das demais. Trata-se de uma questão ainda mais complexa do que uma simples situação descritiva; trata-se de rediscutir a natureza daquilo que se entenda por fonema, algo que pode repercutir, portanto, sobre toda a teoria linguística, uma vez que o fonema é tido como a unidade mínima do sistema gramatical da fala. A bem da verdade, a definição de fonema de que precisamos já está prenunciada na forma orbital apresentada nas Figuras 7.1 a 7.4...

...que, por força de nosso condicionamento cultural, limitamos em uma cadeia linear. Ocorre que o aparelho fonador não é uma linha, e sim uma forma tridimensional, de modo que os ajustes e as transformações por que passam os fonemas se dão em todos os sentidos. Tal como na haste de um violino, sem traves como as do violão, a enunciação dos sons da língua é uma experiência sujeita a variações infinitas, de boca para boca, de contexto fonético para contexto fonético. Se nossa experiência cultural nos levar a privilegiar a identificação de unidades dentro de um todo, escrutinando as partes do todo e discriminando as fronteiras de cada elemento percebido, então, essa experiência cultural gerará falantes do tipo A, cujos conceitos fonêmicos guardam grande distintividade entre si. Se, por outro lado, nossa experiência cultural nos levar a privilegiar a velocidade no processo de percepção, visando a ampliar o número de experiências de mundo vividas simultaneamente, tendemos a perceber os objetos como um todo, em detrimento dos detalhes daquilo de que são compostos. Um exemplo desse tipo de percepção é a percepção da música orquestral por indivíduos não músicos, por meio da qual reconhecemos um só conjunto harmônico de sons – a melodia resultante da sincronia dos instrumento – sem nos determos no efeito de um ou outro instrumentos em particular. Falantes do tipo C assim representam os fonemas, com baixo nível de discriminação e sempre em relação a outros fonemas com os quais ocorrem na cadeia fonética.

A situação expressa no gráfico do falante C não é a mesma que representamos por meio da noção de arquifonema, pois neste último caso consideramos fonemas, verdadeiramente distintos entre si, que perdem distintividade em certos ambientes fonéticos previsíveis. No caso do falante C, ao contrário, a identidade dos fonemas não é marcada pela distinção entre si, mas entre as inúmeras possibilidades de combinação fonética, a cada contexto. O fonema é, portanto, uma zona de possibilidades, tal como na forma orbital anteriormente destacada aqui, dentro da qual várias zonas de interseção coincidem. É claro que a mente humana é capaz de operar com sistematicidade uma entidade conceitual aberta e sempre entremeada por outras formas concomitantes, mas as ciências da cognição ainda não têm, no momento, condições de descrever esse modo tão complexo de operações mentais. Algumas contribuições ao estudo desse tipo de abordagem gramatical já existem, tanto no campo da fonologia do contexto e do uso (*Context and Use Phonology*), de Joan Bybee, como no campo da teoria geral dos sistemas gramaticais, por meio do conceito de sistemas metafóricos, de Luiz Senna (2007c).

Nessa perspectiva de abordagem fonológica, podemos denominar *macrofonema* esta entidade conceitual líquida e de baixo nível de distintividade no sistema fonológico da língua, marcadamente associada a certo modelo cultural que condiciona uma percepção de mundo com as mesmas propriedades. Um macrofonema é uma entidade mental que transborda a noção clássica de unidade distintiva, já que sua concepção pressupõe zonas de aproximação a diversas outras entidades com as quais compartilha parte de suas propriedades distintivas. É como se a essência de um fonema como /s/ se confundisse em parte com a essência do fonema /t/ e em parte com a de /š/, pois que, de fato, existe um *continuum* enunciatório que nos permite produzir um som que se inicia em /t/ e vai até o fundo da boca, em /š/.

Macrofonemas – entidades representacionais da fala – e grafemas – entidades representacionais da escrita – não necessariamente têm naturezas conceituais distintas; porém, no caso dos grafemas relacionados ao sistema de escrita alfabética, sim, guardam profundas diferenças entre si. A escrita alfabética é centrada no pressuposto de que se possa estabelecer uma relação de equivalência entre certo grafema e um som fonêmico da fala, admitindo, dessa forma, que se possam discriminar as unidades fonêmicas como na concepção tradicional de fonema. No caso de representações de fala como as de nosso falante A, a pressuposição subjacente à estrutura da escrita alfabética é pertinente, pois se trata de uma mente em que a representação fonêmica é pontual e fortemente distintiva, gerando, assim, unidades associáveis a grafemas. Entretanto, no caso de concepções de fala como as do falante C, que opera sobre macrofonemas, a pressuposição da escrita alfabética não se aplica, pois se trata de uma representação fonêmica não orientada pela distintividade e, consequentemente, não baseada em unidades associáveis a grafemas.

Falantes como C, cuja representação dos sons da fala gera macrofonemas, costumam apresentar custo significativamente mais elevado de construção da escrita do que falantes como A ou B. Tal custo, muitas vezes associado à dislexia, é derivado tão somente de uma incompatibilidade entre o seu sistema gramatical de fala e o sistema gramatical da escrita, a qual deriva do modo de experienciação do mundo, algo, portanto, de natureza preponderantemente cultural.

Discuta mais...

1. O que são fones, fonemas, letras e grafemas? Por que alguns destes são considerados conceitos?

2. Qual a contribuição do funcionalismo para o nosso entendimento do sistema fonológico das línguas naturais?

3. Qual a relação entre a fonologia físico-distribucional, a teoria gerativa e as ciências exatas?

4. Quais as três propriedades que a teoria gerativa atribui ao fonema?

5. O que os universais linguísticos têm a ver com os fonemas?

6. Como Saussure explica o fato de nossa mente não necessariamente utilizar o som falado no processo de comunicação?

7. O que é um macrofonema?

8. Por que macrofonemas apresentam uma dificuldade no processo de construção da escrita?

Estudo complementar

1. Sobre as fronteiras e tensões entre o estudo dos fonemas e da fonética, leia o texto *O português brasileiro e as controvérsias da fonética atual: pelo aperfeiçoamento da fonologia articulatória*, de Eleonora Albano, disponível no endereço eletrônico indicado a seguir.

   ALBANO, E. C. O português brasileiro e as controvérsias da fonética atual: pelo aperfeiçoamento da fonologia articulatória. **Delta**, São Paulo, v. 15, n. especial, 1999. Disponível em: <http://www.scielo.br/scielo.php?script=sci_arttext&pid=S01024450199-9000300002&lng=en&nrm=iso>. Acesso em: 22 mar. 2010.

2. Sobre o princípio dos sistemas metafóricos, que geram macrofonemas, leia o texto *O conceito de letramento e a teoria da gramática: uma vinculação necessária para o diálogo entre as ciências da linguagem e da educação*, disponível no endereço eletrônico indicado a seguir.
   SENNA, L. A. G. O conceito de letramento e a teoria da gramática: uma vinculação necessária para o

> diálogo entre as ciências da linguagem e educação. Delta, São Paulo, v.23, n.1, p.45-70, 2007. Disponível em: <http://www.scielo.br/scielo.php?script=sci_arttext&pid=S0102-44502007000100003&lng=en&nrm=iso>. Acesso em: 22 mar. 2010.

Representação lexical e a morfologia na fala e na escrita

As culturas letradas que empregam sistemas de escrita alfabética, particularmente aquelas cujas escritas aproveitaram-se do material gramatical legado ao mundo pelos gregos e romanos, compartilham entre si certo conceito de *palavra* que condiciona o nosso entendimento acerca da estrutura e da forma do *léxico*. O léxico pode ser definido como um imenso inventário das palavras de uma dada língua, acompanhadas de seu significado, valor gramatical e propriedades morfológicas, tal como um dicionário (ver Figura 7.5).

Figura 7.5 – Estrutura de um termo lexical no dicionário

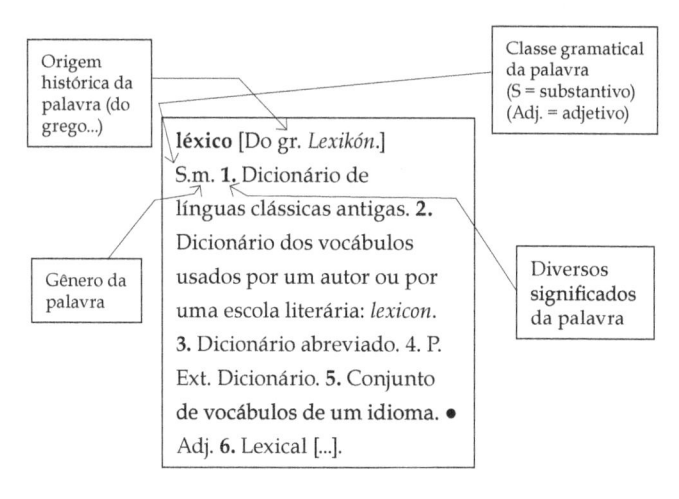

Origem histórica da palavra (do grego...)	Classe gramatical da palavra (S = substantivo) (Adj. = adjetivo)

léxico [Do gr. *Lexikón*.]
S.m. **1.** Dicionário de línguas clássicas antigas. **2.** Dicionário dos vocábulos usados por um autor ou por uma escola literária: *lexicon*. **3.** Dicionário abreviado. **4.** P. Ext. Dicionário. **5.** Conjunto de vocábulos de um idioma. • Adj. **6.** Lexical [...].

Gênero da palavra

Diversos significados da palavra

Fonte: Ferreira, 1986, p. 1026-1027.

Psicolinguística e letramento

O léxico representado na mente dos falantes é um tanto diverso, até porque, muito bem sabemos, um dicionário contém muito mais palavras do que as que cada falante representa individualmente. O léxico dicionarizado – este que é, de fato, um inventário de palavras – constitui-se em um registro cultural das palavras e de seus usos nas várias comunidades de fala de uma mesma língua. O léxico dos falantes também é, obviamente, um registro cultural, porém da cultura de cada um, de modo que a extensão do número de palavras varia conforme a demanda de representação de cada pessoa. Entretanto, o léxico dos falantes tem duas propriedades não compartilhadas pelos dicionários clássicos: a dinamicidade e a autorregulação.

A **dinamicidade** é a propriedade do léxico que lhe permite acompanhar a demanda representacional de um falante, que, como qualquer um de nós, está em constante processo de transformação, incorporando novas experiências e novas formas de uso de palavras já conhecidas. Entre as décadas de 1980 e 1990, em face da expansão crescente de acesso aos recursos de computação pela população em geral, os léxicos individuais sofreram acréscimos os mais diversos, para nomear objetos e ações inteiramente novos na cultura do homem comum. Estruturas como "abrir um arquivo" e "queimar um CD" são exemplos da atribuição de novos significados a palavras previamente conhecidas. Já em estruturas como "mandar um *emeio*" (*e-mail*) ou "fazer um *daunlolde*" (*download*), os termos destacados foram introduzidos nos léxicos individuais para representarem ações que não eram realizadas antes do advento da internet.

A **autorregulação**, por sua vez, é a propriedade que assegura ao léxico a possibilidade de ser dinâmico e, ao mesmo tempo, manter-se econômico. A economia em termos lexicais está relacionada à busca pelo menor número de palavras para representar o maior número possível de objetos. Diferentemente do léxico dicionarizado, o léxico natural desenvolvido pelos falantes é dotado de mecanismos de formação e interpretação de palavras, chamados *regras morfológicas*. As mais simples são normalmente as regras morfológicas desinenciais, ou seja, relacionadas ao emprego das marcas de gênero (no português, masculino e feminino), número (no português, singular e plural) e das categorias ligadas ao verbo (modo, tempo, aspecto e pessoa gramatical). Assim, em português, por exemplo, são raras as palavras cujos pares {*masculino-feminino*} sejam representados por palavras distintas, como no caso de {(*rajá/rani*), (*elefante/aliá*)}, e não existem palavras cujos plurais não sejam representados pela desinência [-*s*], exceto no caso de palavras cuja forma é constante para o singular e para o plural, como *ônibus, olheiras, algemas* ou *arredores*.

As demais regras morfológicas fazem uso de outros tipos de afixos, normalmente denominados *sufixos* e *prefixos*. Nem se pense em diferenciá-los apenas pela posição que ocupam na palavra: os prefixos, no início; os sufixos, no final. A diferença entre eles é outra: os sufixos são normalmente derivados de desinências vindas do latim, as quais ganharam funções e significados específicos no português; já os prefixos são radicais, ou seja, eram palavras que passaram a ser sistematicamente empregadas no português para acrescentar algum traço semântico específico a uma palavra já existente, como [*hiper-*], oriundo do grego *hypér*, [*extra-*], oriundo do latim, e [*over-*], oriundo do inglês.

Os sufixos estão quase sempre associados a um processo gramatical chamado *subordinação*, por meio do qual é possível empregar uma palavra em uma posição estrutural da sentença apropriada a palavras de outras classes gramaticais. É o que se dá no caso do sufixo [-eza], que transforma adjetivos em substantivos ([bel-o]^{Adj}, [-eza]→ beleza$^{Subst.}$), ou [-mento], que forma substantivos a partir de verbos ([carreg-a-r]^{Verbo}, [-mento]→ carregamento). Esse tipo de regra de formação de palavras é objeto de estudos da **morfologia derivacional**, a qual assinala que os falantes operam ativamente tais regras, seja na formulação de palavras novas, seja na interpretação de novas palavras enunciadas por outros. Parte de seu léxico consiste do conhecimento relativo ao efeito semântico e gramatical provocado pelo uso de cada tipo de regras, que incluem, também, o emprego dos prefixos.

Certas regras de formação de palavras simplificam ao máximo o processo, aproveitando-se do princípio sintático elementar que impede a existência de dois termos ocupando uma única função dentro de uma estrutura qualquer. A título ilustrativo, consideremos as estruturas $_1$[boia azul]$_1$ e $_2$[bola azul]$_2$. Para que possamos suprimir a redundância do termo *azul*, comum a ambas as estruturas, devemos criar uma terceira representação, na qual a conjunção *e* deixe marcada a duplicação de um dos termos: $_3$[(boia e bola) azul$^{+plural}$]$_3$; caso não fizéssemos uso da conjunção *e*, a reunião dos dois termos em uma só estrutura provocaria, imediatamente, uma situação em que se identificaria uma palavra nova: $_4$[(boia bola) azul]$_4$, uma boia com a forma aproximada de uma bola. A esse tipo de processo de formação de palavras atribui-se o nome de *composição*.

Observemos, portanto, que o léxico não é tão somente um inventário de palavras dadas, mas uma máquina mental de formação, interpretação e emprego de palavras. Essa concepção de léxico pode ser considerada como integrante dos sistemas gramaticais da fala e da escrita. Entretanto, as condições de operação do léxico são diversas na fala e na escrita, fato que resulta em diferenças significativas no conceito gramatical de *palavra* em cada uma delas.

A escrita é regulada por determinações histórico-linguísticas, normalmente denominadas *etimológicas*, e por opções de ordem estritamente política, controladas por aqueles que detêm o poder de fixar as normas gerais quanto à forma das palavras. A fala, por outro lado, não obedece a outro fator que não a própria dinâmica de uso da língua em seu contexto social. Por isso, pode-se dizer que a fala sofre **constante evolução**, ao passo que a escrita, de tempos em tempos, sofre **reformas**.

Para a questão que estamos analisando neste capítulo, importa observar que os processos regulares de formação de palavras constantes do léxico dos falantes não estão necessariamente sujeitos às regras e aos pressupostos etimológicos que regulam o léxico da escrita. Assim, prefixos e sufixos não são necessariamente objetos de um inventário que nos ensinam as gramáticas escolares, mas, sim, princípios de gramática que facultam aos falantes operarem a criação de novas palavras. E os princípios assim se definem:
1. Existem palavras que podem ser anexadas como afixos a outras palavras, desse modo criando um sentido especializado que é a soma dos sentidos de ambas. Exemplo: *homem-bomba*.
2. Existem termos que podem ser anexados como afixos às palavras, desse modo criando novas palavras com significado especializado e/ou novo comportamento gramatical. Exemplo: *tolice*.
3. As regras 1 e 2 sustentam-se no princípio de que duas palavras podem formar uma terceira ou um sentido especializado quando ocupam uma mesma posição

estrutural na sentença. Exemplo: *"Pedro Paulo já chegou"*, considerando-se os termos *Pedro* e *Paulo* como um único indivíduo.

Os princípios 1 a 3 também regem o léxico da escrita e regerão o léxico da fala, caso se trate de uma cultura cujas propriedades tenham na forma da escrita um modelo a ser transferido para a produção de fala. Teríamos aí, talvez, um sujeito social do tipo A, arrolado no item anterior, quando estudamos o sistema fonológico. Contudo, no caso de culturas que não tomam a escrita como modelo para a estruturação da fala, os princípios 1 a 3 geram padrões lexicais próprios, como veremos a seguir.

Para iniciarmos, consideremos o par lexical [salada] → [saladeira], cuja formação decorre do emprego do sufixo [-*eiro(a)*] e não apresenta nada de especial. Consideremos, também, que são igualmente interpretáveis novas palavras derivadas de *salada*, criadas por meio do uso de prefixos com a finalidade de discriminar certas especialidades: *antissalada*, para aqueles que detestam saladas leves e magras, ou *multissalada*, para aqueles que gostam de saladas com tudo que têm direito. Em face disso, nada impede que, no léxico de um falante, a expressão *salada mista* seja igualmente interpretada como uma derivação de *salada* e isso jamais será percebido por outros falantes, de cultura letrada, até que aquele venha a expressar sua concepção lexical em uma forma escrita como *saladamista*, em que se toma do termo *mista* como se fosse um prefixo agregado à palavra assemelhado a um sufixo. Concepções lexicais como esta ocorrem com abundância no processo de alfabetização, mesmo entre sujeitos oriundos de culturas em que as determinações da escrita prevalecem sobre as concepções intuitivas da língua falada.

Outra questão lexical das mais observadas no processo de alfabetização é relativa à fronteira das palavras. Embora a escrita tenha disseminado a crença de que as palavras sejam as unidades da comunicação humana, isso, na realidade, já é há longa data refutado. As unidades semânticas mínimas consideradas no campo da linguística são os morfemas, os termos de que são feitas as palavras. Considera-se, portanto, que a palavra é, na realidade, uma cadeia de elementos, um plural, portanto, não uma unidade. Apesar disso, os estudos linguísticos, via de regra, não analisam esse conjunto de termos tendo a palavra como fronteira; não a palavra tal como pode ter sido representada pelo falante em seu léxico, mas, sim, a palavra legitimada na cultura escrita. Existe no campo dos estudos fonéticos uma noção que nos ajuda a compreender o problema da fronteira das palavras: **grupo de força**.

Um grupo de força é uma cadeia fonética que o falante emite em um único *continuum*, sem nenhuma pausa. Grupos de força formam os **vocábulos fonéticos**, assim chamados por Joaquim Mattoso Câmara Junior. As fronteiras entre os vocábulos fonéticos e as palavras raramente coincidem e podem variar conforme as situações de uso, pois os falantes alteram a cadeia prosódica (a entonação da fala) para imprimirem realce a este ou aquele termos. Observe os exemplos a seguir, tendo em conta que os grupos de força são delimitados por apóstrofos.

Representação escrita:
Esse garoto aí me deu um beliscão no recreio.

Representação fonética:
/sigarotɷai' mᶦdeɷNbiliSkaNω' nurecreyu/
    G.F.1   G.F.2   G.F.3

Sem um condicionamento cultural que o oriente para as fronteiras de palavras empregadas na escrita, o falante pode derivar em seu léxico palavras, ou correspondentes aos grupos de força, ou, o que é mais provável, a partes dos grupos de força. Esse tipo de situação manifesta-se na escrita inicial de alunos em processo de alfabetização e algumas vezes persiste ao longo do processo de letramento, derivando formas como *"sigotoi meo sicaom erciu"* (*Esse garoto aí me deu um beliscão no recreio*), que revelam tanto concepções de palavras cujas fronteiras não se delimitam como no léxico da cultura escrita, quanto opacidade na discriminação de seus constituintes fonológicos, em virtude de conceitos macrofonêmicos.

Observemos, então, que, tal como no caso das tensões entre representações fonológicas macrofonêmicas e grafemas, a representação morfológica do léxico pode, igualmente, variar muito entre a escrita e a fala, sem prejuízo para a comunicação oral, porém provocando custo no processo de construção da escrita.

Discuta mais...

1. O que é o léxico de uma pessoa?
2. O que se entende por dinamicidade e autorregulação no léxico?
3. Como se pode explicar o emprego de uma palavra como {*carroaalcool*} por meio de regras de formação de palavras que atuam sobre o léxico?
4. Como a noção de grupo de força pode explicar o fato de que existem diferenças de pessoa para pessoa na forma de representar as palavras?

5. Por que a cultura escrita interfere na representação lexical das pessoas?

Estudo complementar

1. Amplie ainda mais seu conhecimento sobre o léxico explorando um pouco de como se formam os conceitos que são os significados das palavras. Sobre isso, leia o texto *Aquisição inicial do léxico verbal e aproximações semânticas em português*, de Lauren Tonietto et al., disponível no endereço eletrônico indicado a seguir.

TONIETTO, L. et al. Aquisição inicial do léxico verbal e aproximações semânticas em português. **Psicologia: Reflexão e Crítica**, Porto Alegre, v. 20, n. 1, 2007. Disponível em: <http://www.scielo.br/scielo.php?script=sci_arttext&pid=S0102-79722007000100015&lng=en&nrm=iso>. Acesso em: 23 mar. 2010.

Operações morfossintáticas e sintáticas

As operações morfossintáticas e sintáticas relacionam-se a processos de formação de frases, nos quais se aplicam regras e princípios que regulam as relações entre as partes do discurso. As regras morfossintáticas envolvem três tipos distintos:

1. aquelas que incidem sobre a forma das palavras a partir das relações que estabelecem entre si, aplicando-lhe ajustes morfológicos normalmente chamados de *concordância nominal* (aplicados sobre o substantivo e seus determinantes de natureza adjetiva,

conforme o gênero e o número que se deseja expressar) e *concordância verbal* (aplicados sobre o verbo conforme a pessoa gramatical do sujeito da oração);

2. aquelas que envolvem o reconhecimento dos tipos de palavras que podem ocupar as diversas posições estruturais da sentença, utilizando os chamados *parâmetros de classificação de palavras*;

3. aquelas que definem o modo como o verbo vincula-se a seus complementos na sentença, empregando ou não uma preposição, chamadas *regras de regência verbal*; essas regras são absolutamente idiossincrásicas (ainda que tenham motivação na história das línguas) e definem, por exemplo, que um verbo como ^{v}[*amar*] vincule-se a seu objeto sem nenhuma preposição ("amar alguém"), ao passo que ^{v}[*gostar*], de sentido análogo, demande uma preposição antes de seu complemento ("gostar de alguém").

Algumas línguas, como o alemão e o grego, apresentam regras morfossintáticas que definem a forma das palavras conforme o caso gramatical, um conceito de gramática associado ao papel que o termo exerce em um contexto de mundo expresso pelo verbo. No português, o caso gramatical só traz implicações morfossintáticas no caso do emprego dos pronomes oblíquos de terceira e sexta pessoas gramaticais: *o(s)* e *a(s)* empregados no caso acusativo, expresso em português, normalmente, pelo objeto direto; *lhe(s)* empregado no caso dativo, expresso por objetos indiretos iniciados pelas preposições *para* ou *a*.

As regras sintáticas propriamente ditas estabelecem os princípios pelos quais as palavras se distribuem na sentença, a partir de dois padrões sintáticos que caracterizam cada língua. São eles: o **padrão sintático do nome**, que indica a posição preferencial do substantivo e seus determinantes essenciais (artigos, numerais, pronomes adjetivos etc.) e dos adjetivos; no português, emprega-se o padrão {*det N adj*}, ou seja, substantivo no centro, determinantes essenciais à frente e adjetivos por último; em outras línguas podem ser aplicados outros padrões, tal como no caso do inglês, que apresenta o padrão {*det adj N*}; o **padrão sintático da oração**, que indica a posição preferencial do sujeito, do verbo e de seus complementos; no português, o padrão é {N̲ *V Comp*}, ou seja, sujeito, seguido do verbo, seguido de complementos; em alemão e na maioria das línguas clássicas, o padrão é {N̲ *Comp V*}, com o verbo colocado na última posição da sentença. Dificilmente se encontram variações significativas no uso de tais padrões no português do Brasil, mesmo em algumas regiões do Sul sob influência histórica da língua alemã, onde se desenvolveram muitas peculiaridades nos níveis fonológico e morfossintático, mas se constatou muito pouca interferência no padrão sintático. Contudo, a estruturação frasal não depende apenas da aplicação de uma regra genérica tal como a que descreve o padrão sintático das línguas.

O vínculo entre o sujeito e o predicado, assim como entre o verbo e seus complementos, não é regulado por algum tipo de regra de estrutura frasal, mas por um complexo conjunto de relações lógico-causais que se estabelecem no nível da **representação semântica da frase**. Eis por que uma frase como "*Cavalos voam daqui a São Paulo em poucas horas*" atende a todas as regras sintáticas de estruturação, mas ainda assim não é uma frase aceitável, pois o sujeito *cavalos* não tem propriedades que o relacionem à ação expressa por *voar*. Além de uma relação de coerência lógico-causal entre os termos da frase, sua estrutura deve demonstrar, ainda, relação de coerência entre a função sintática exercida pelo termo e o tipo de informação por ele expressa. Na frase anterior, a expressão *em poucas horas* traz uma informação relacionada ao tempo de duração da viagem entre o lugar de onde se fala e a cidade de São Paulo. Isso a torna um termo de natureza adverbial na sentença, fato que, segundo os princípios lógico-causais da sintaxe, demanda o emprego de uma preposição (*em*) que imprima à estrutura *poucas horas*, originariamente de natureza substantiva, um valor adverbial coerente com a informação que se deseja expressar. Observemos, todavia, que, diferentemente do caso relativo a um sujeito (*cavalos*), incoerente com a atividade expressa por *voar*, é possível formular uma frase com estrutura análoga sem o uso da preposição à frente de *poucas horas*, tal como em "*Helicópteros voam poucas horas daqui a São Paulo*", sem nenhum prejuízo para o entendimento da informação que se deseja expressar. Isso é assim porque, embora *poucas horas* seja uma expressão categorizada morfossintaticamente como de natureza gramatical substantiva, seu significado é fortemente marcado por traços semânticos de tempo, o que a torna semanticamente adverbial, tal como se dá em outros casos similares como "*Quatro horas vá ao curso*", em lugar de "*Às quatro horas, vá ao curso*".

Na língua escrita, o emprego adverbial de formas como *poucas horas* ou *quatro horas* é vedado sob a compreensão de se tratar de um erro de colocação de palavras. Esse tipo de restrição nada tem a ver com o emprego da escrita como instrumento de comunicação, tendo em vista que a colocação daquelas expressões na frase desacompanhadas de preposição não provoca custo algum de informação. Sua motivação sustenta-se na crença de que a relação lógico-causal entre os sentidos semânticos dos termos e as funções sintáticas exercidas na sentença esteja relacionada a algum tipo ideal de modo de pensar, algo que nos foi legado da tradição clássica greco-romana. Desse modo, um assim chamado *erro de colocação de palavra* denuncia, entre os segmentos sociais mais tradicionais, uma falha intelectual, entendendo-se o termo como associado às propriedades intelectivas do sujeito, cognitivas, portanto.

Já vimos aqui anteriormente que a fala sustenta-se, muitas vezes, em modos de pensar não cartesianos, ancorados em operações e unidades semânticas singulares. O mesmo se dá no plano da sintaxe. Consideremos frases como as que se apresentam a seguir:

(1) **Meu canarinho** *morreu o filhote.*
(2) **Essa salada** *o camarão faz mal.*
(3) **A chuteira nova** *o Pet se atrapalhou todo.*

Frases como (1), (2) e (3) ouvem-se a todo momento no português falado no Brasil, apresentando uma estruturação que não se pode descrever por meio das regras sintáticas aplicadas à escrita. A fim de que se tornassem sintaticamente aceitáveis na língua escrita, deveriam sofrer os ajustes apresentados nas frases análogas (1a), (2a) e (3a).

(1a) *O filhote do* **meu canarinho** *morreu.*
(2a) **Nessa salada**, *o camarão faz mal.*
(3a) *O Pet se atrapalhou todo com* **a chuteira nova**.

Observemos que a diferença estrutural entre os pares de frases (1-1a), (2-2a) e (3-3a) reside tão somente na explicitude da função sintática exercida pelos termos destacados. Contudo, o efeito pragmático de uso dos termos na comunicação sofre perda significativa entre um par e outro. O deslocamento daqueles termos para a primeira posição estrutural das frases atende a motivações de ordem socioafetiva, ou enunciativas, que tornam aqueles termos o tópico mais relevante num dado evento comunicativo. Falava-se de pássaros de estimação entre amigos, quando um deles se introduz na conversa a partir de um dado coerente com aquilo de que se estava falando, *"meu canarinho"*, e a ele aplica-se um comentário: *"morreu o filhote"*. Trata-se de uma motivação enunciativa para a estruturação da frase (1). Já no caso de (3), quando se criticava a atuação do atacante Petkovič, do Flamengo, um torcedor, pronto a defendê-lo, desloca para o centro da atenção dos seus interlocutores a famigerada *"chuteira nova"*, a qual, segundo ele, foi a verdadeira vilã do jogo. Trata-se, nesse caso, de uma motivação socioafetiva para o emprego daquele tipo de estruturação frasal.

O que é mais relevante para nosso estudo aqui é o fato de que, mesmo não sendo gramaticalmente marcadas, as funções semânticas e sintáticas de cada uma das estruturas grifadas nas frases (1) a (3) são plenamente resgatadas pelos falantes, por meio de operações mentais chamadas **inferências**.

Nos sistemas gramaticais, as inferências podem ser definidas como operações mentais que analisam relações lógico-causais entre termos não marcados sintaticamente. A língua escrita é um sistema gramatical marcado por demandar baixíssimo número de operações inferenciais, pois que é estruturado sob o princípio da **redundância gramatical**. Tal princípio obriga os usuários da escrita a marcarem com uma preposição *em* expressões como *poucas horas*, mesmo que a noção adverbial já esteja pressuposta no valor semântico da própria expressão, podendo ser facilmente resgatado, sem o uso de preposição, por meio de uma inferência. A fala, por sua vez, quanto menos influenciada pela cultura escrita, menos redundâncias apresenta, de modo que sua estruturação sintática demanda um número elevado de operações inferenciais. Além de casos como os das frases (1) a (3), a supressão de redundâncias na fala, em favor de operações inferenciais, é responsável também por transformações em curso nas regras de concordância empregadas no português falado. Observe, por exemplo, os pares de frases (4) e (4a):

(4) Os_1 $caras_2$ $todos_3$ $encapuzados_4$ $levaram_5$ *o carro da moça.*
(4a) Os_1 *cara tudo encapuzado levou o carro da moça.*

Note que não há prejuízo de informação em (4a), em cuja estrutura só se aplicou a desinência de plural – [-s] – uma única vez, em confronto com o que se dá em (4), regulada pelo princípio de redundância, com cinco ocorrências de desinências de número. Naturalmente, o falante não interpreta como singulares, em (4a), os termos não marcados por desinência de plural, pois resgata a informação apresentada uma só vez no artigo *os* e a aplica inferencialmente aos demais termos.

Todos os casos analisados aqui sugerem fortemente que as regras sintáticas e morfossintáticas da fala e da escrita estão sujeitas a princípios específicos, baseados em formas diferentes de privilegiar o princípio de redundância (maior na escrita do que na fala) e as operações inferenciais (maior na fala do que na escrita).

Discuta mais...

1. Quais os três tipos de regras morfossintáticas?

2. Por que há redundância em uma estrutura como *"Às quatro horas vá ao banco"*?

3. O que é uma relação *tópico/comentário* na estruturação de uma frase?

4. O que são operações inferenciais no estudo sintático?

5. Qual a relação entre rendundância gramatical e inferência, no caso da fala e no caso da escrita?

Estudo complementar

1. Ainda não existe literatura complementar em português relativa ao emprego de operações inferenciais em regras sintáticas motivadas pelo uso pragmático da língua. Entretanto, você pode ampliar seu conhecimento sobre inferências no campo da linguagem com a leitura do interessante estudo de Carla Martins intitulado *A indeterminação do significado nos estudos sociopragmáticos: divergências teórico-metodológicas*, disponível no endereço eletrônico indicado a seguir.

   MARTINS, C. A indeterminação do significado nos estudos sociopragmáticos: divergências teórico-metodológicas. **Delta**, São Paulo, v. 18, n. 1, 2002. Disponível em: <http://www.scielo.br/scielo.php?script=sci_arttext&pid=S010244502002000100-004&lng=en&nrm=iso>. Acesso em: 24 mar. 2010.

2. Ainda sobre processos mentais inferenciais, leia o texto "Estudos sobre o processo de leitura na educação à distância", de Luiz Senna, publicado em *Letramento: princípios e processos*.

   SENNA, L. A. G. Estudos sobre o processo de leitura na educação a distância. In: SENNA, L. A. G. (Org.). **Letramento**: princípios e processos. Curitiba: Ibpex, 2007. p. 287-310.

Fala e escrita como sistemas gramaticais independentes

Com base no que se apresentou aqui, existem argumentos suficientes para se definir a fala e a escrita como sistemas de representação gramatical diferentes entre si. Comportam-se assim pois não operam com base no mesmo tipo de unidade operacional ou de operações gramaticais. Fala e escrita tendem a se tornar mais distintas à medida que a cultura dos falantes sofra menos influência dos valores e regras sociais da cultura escrita.

As diferenças entre fala e escrita não se confundem com as diferenças entre línguas diferentes, como o português, o inglês ou o espanhol. Tratando-se de dois sistemas de representação distintos, constituem dois tipos de códigos de expressão, cada qual com propriedades específicas, de modo que o português, o inglês e o espanhol falados guardam propriedades operacionais análogas entre si, ao passo que o português, o inglês e o espanhol escritos guardam propriedades operacionais análogas, próprias de todos os sistemas de escrita alfabética.

Daí resulta que o estudo psicolinguístico das condições de aquisição e uso do sistema gramatical da fala não necessariamente contribui para o estudo das condições de construção e uso da escrita, e vice-versa. Ressalta-se, com isso, a demanda por um programa de psicolinguística que, tendo em conta as especificidades gramaticais e representacionais da fala e da escrita, possa subsidiar os processos escolares de alfabetização. Antes de avançarmos na discussão sobre o perfil de um programa de estudos com tal finalidade, queremos tratar, ainda, de uma última questão, relativa aos limites da psicolinguística no interior da mente humana.

Perfis cognitivos no emprego da fala e da escrita

Na década de 1970, Noam Chomsky e Jean Piaget travaram um debate acadêmico histórico, amparado por diversos outros intelectuais advindos de variadas áreas do conhecimento. Naquela oportunidade, a questão em debate foi a relação entre o conhecimento linguístico e a mente humana, confrontando-se, de um lado, a concepção inatista de Chomsky, sustentada na chamada *teoria da modularidade da mente*, e, de outro, a concepção inato-interacionista de Piaget, sustentada na hipótese de que as faculdades inatas da mente dependem de que o sujeito tenha experiências de mundo para que se desenvolvam. Segundo Piaget, portanto, o processo de aquisição da língua poderia ser explicado por meio dos mesmos processos pelos quais se desenvolvem as demais faculdades humanas.

A **teoria da modularidade da mente** foi traçada por Jerry Fodor em cooperação com Chomsky e consiste, *grosso modo*, da hipótese de que a mente humana seja compreendida como um aparelho altamente especializado, constituído por vários módulos operacionais, independentes entre si, responsáveis pelo desenvolvimento e uso de certo tipo de conhecimento específico. Um desses módulos é o **dispositivo de aquisição da linguagem (DAL)**, cuja operação é sustentada pelos **universais linguísticos**, um material de natureza inata, empregado de forma intuitiva pela criança ao longo do processo de aquisição da língua. Embora não fique muito claro na teoria de Chomsky, presume-se que o DAL evolua e se torne a gramática da língua tal como representada pelo falante, constituindo-se, então, no módulo mental responsável pelo emprego do sistema gramatical. Nesta concepção inatista de representação gramatical, não há espaço para que se postule a relação entre a aquisição e o emprego da língua com outros segmentos operacionais da mente, já que os registros inatos, supostamente, dariam conta de todo o conhecimento necessário, sem a necessidade de outros instrumentos cognitivos. É exatamente esse o ponto que Piaget buscava refutar em seu debate contra a teoria inatista de Chomsky, alegando que seria perfeitamente possível descrever o processo de aquisição da língua por meio de uma teoria de mente global, na qual uma única faculdade de inteligência daria conta da construção de todos os tipos de conhecimento. Como todas as teorias são nada mais do que hipóteses, o debate chegou a termo em face de argumentos em favor ora de uma, ora de outra propostas.

No campo da psicolinguística, a teoria que ainda hoje prevalece é a de Chomsky, a qual, mesmo com algumas reformulações, mantém-se íntegra desde os anos de 1960, quando primeiramente publicada, no livro *Aspectos da teoria da sintaxe*, já citado aqui anteriormente. A teoria de Chomsky trouxe para os estudos em psicolinguística uma forte perspectiva científica, inspirada na tradição filosófica de Immanuel Kant e seus desdobramentos, como em Wilhelm Von Humboldt, ambos filósofos bastante reconhecidos e de peso. Substituíam-se, assim, concepções mais fracas sobre a representação mental da língua, oriundas da filosofia clássica, que tomavam a língua como tronco da própria estrutura do pensamento, ou da psicologia comportamentalista, com figuras como Burrhus F. Skinner, que tomavam a língua como um comportamento adquirido por condicionamento social.

Contudo, ainda que certos argumentos de Chomsky sejam incontestáveis – especialmente o fato de que a criança, ao construir o conhecimento da língua, realiza operações mentais que esta não é capaz de transferir para nenhum outro tipo de experiência de mundo até que alcance a adolescência –, vale a pena discutir um pouco mais a possibilidade de haver relação entre o uso das línguas naturais e mecanismos cognitivos gerais da mente, de caráter mais amplo do que as operações gramaticais específicas dos sistemas estruturais das línguas.

O princípio da **coesão gramatical** consiste em uma operação que controla as relações de equivalência entre as partes de um determinado texto. Devemos considerar aqui o texto de forma bem mais ampla do que a convencionalmente associada a um texto escrito como este. O texto representa uma unidade de comunicação, ou seja, algo que figura numa relação comunicativa entre dois ou mais falantes. Assim, em um ato de comunicação oral, o texto é uma entidade aberta, tecida nas relações de trocas comunicativas entre os interlocutores, formando-se, portanto, a partir das falas articuladas em diálogo. O princípio que sustenta a operação de controle coesivo dentro de um texto é a noção gramatical de *informação nova ou dada* (do inglês *new/given*), que consiste na categorização das partes de um texto entre duas situações: as informações novas na relação comunicativa entre os falantes, consideradas em sua primeira ocorrência na cadeia de enunciações: $_{c.e.1}\{(...)$ *Ouvi falar de* $_{nova}$[**um certo carro ecológico**]$_{nova}$ *na televisão* $(...)\}_{c.e.1}$ – e as informações já previamente compartilhadas pelos interlocutores, ditas *dadas*: $_{c.e.1}\{(...)$ *É verdade que* ^{dada}[**esse carro**]$_{dada}$ *é ótimo* $(...)\}_{c.e.1}$. Nos dois exemplos apresentados, cabe aos determinantes *um* e *esse* marcarem a condição de informação nova ou dada do termo *carro*. A relação existente entre uma informação dada e seu referente apresentado anteriormente na mesma cadeia comunicativa (também chamada *cadeia discursiva*) é denominada *relação de coesão*. Como *um* e *esse* são responsáveis pela marcação desta relação chamada *coesiva*, são denominados *termos coesivos*.

A escrita e a fala lidam de formas diferentes com as relações coesivas. Na escrita, como já vimos aqui, marcada pelo princípio da redundância, as relações coesivas em um dado texto devem estar formalmente expressas, ou seja, o elemento novo introduzido e suas ocorrências subsequentes devem estar presentes na forma material do texto. Na fala, entretanto, movida pelo princípio da economia, quando os interlocutores pressupõem que certa informação já é compartilhada no seu conhecimento de mundo comum, a introdução no texto de uma forma equivalente à informação nova é suprimida e todos compartilham apenas a informação como se esta já fosse dada. Isso equivale a se iniciar um texto com uma frase do tipo *"O garoto esteve aí te procurando"*. Como as condições de produção da fala e da escrita também são distintas entre si, uma frase como essa enunciada em um texto oral não resulta em custo, pois, não havendo clareza para o interlocutor sobre quem seja *"o garoto"*, basta-lhe perguntar ao emissor. Na escrita, todavia, o emissor e seus interlocutores raramente estão ocupando o mesmo espaço, de modo que, diante de uma situação similar a esta, não há como resgatar a identidade da informação nova. Por esse motivo, dá-se a diferença no modo como se controlam as relações coesivas na fala e na escrita.

Na escrita, exige-se um nível de controle constante na seleção de termos coesivos no ato em que se expressa cada uma das informações em uma cadeia comunicativa, nesse caso, um texto escrito. Trata-se de uma função algébrica, que considera cada unidade de informação como uma variável que permanece constante até o final do texto, não importando a sua extensão. Na fala, ao contrário, dadas as relações interpessoais, exige-se um nível de controle bem menor, tanto menor quanto menos influenciada pela cultura escrita for a comunidade de fala.

Outra forma de controle em nível textual dá-se no plano narrativo das informações como um todo. Orientada pela cultura científica moderna, a escrita demanda que o encadeamento das informações no texto expresso obedeça a uma rígida sequenciação de natureza lógico-causal: do início para o fim, os assuntos concatenados a um só tema alocados em um único parágrafo, causa e consequência coordenadas entre si etc. A narrativa do texto escrito é, antes de tudo, uma prova de que o seu autor é capaz de pensar segundo parâmetros de "normalidade" definidos na cultura moderna, ou seja, ditados por padrões cartesianos. É nesse sentido que se costuma arrolar como *normatização*, tal como apresentado por Ireno Berticelli (2004), o efeito provocado sobre a mente humana a partir da imposição desse tipo de padrão de organização do pensamento expresso no texto escrito. O processo de normatização leva o indivíduo a desenvolver um modo de pensar e estruturar os sistemas de expressão com níveis elevadíssimos de **planejamento**, de tal sorte que a produção do texto é antecedida por um juízo que, de certo modo, antecipa toda a forma do texto, desde o início até o fim. A representação máxima desse tipo de texto altamente planejado é o relatório técnico-científico, que em sua introdução já denuncia tudo o que será expresso até o final.

Na fala, os níveis de planejamento são muito variáveis, podendo até mesmo nem existir quando em situações comunicativas informais. As dinâmicas das falas em um diálogo permitem aos interlocutores construírem relações lógico-causais que transcendem a rigidez da lógica cartesiana e, fazendo uso de operações inferenciais, é possível dar corpo a um texto cuja forma faz sentido em dado ato comunicativo, porém não em outro.

Textos falados que se organizam segundo níveis de planejamento e princípios coesivos próprios da escrita acabam se tornando inadequados como instrumentos de comunicação oral, pois se tornam cansativos e, não raramente, de difícil compreensão. O mesmo ocorre quando se inverte a situação, empregando-se formas de planejamento e de marcação coesiva próprias da fala na produção de um texto escrito. Não poucas vezes, sujeitos em processo de alfabetização têm uma tendência a produzirem textos escritos com essas características típicas da fala, tal como exemplificado a seguir:

> *Ele falou pra gente não ir lá – o professor não sabia foi na secretaria – Tinha aquela bola do time do Romário – Minha mãe ralhou muito, foi por isso, que a bola não tava lá mais.*

A formulação de frases por meio de relações de *tópico/comentário*, tal como vistas aqui anteriormente, também é um caso típico do sistema da fala, derivado de baixo nível de planejamento. Tanto esse caso como o trazido na Figura 7.6, uma vez transferidos para a escrita, acabam indiciando certo tipo de inadequação, interpretada como marca de **analfabetismo funcional**, ou seja, traço do indivíduo que construiu o sistema da escrita, mas não o emprega de forma satisfatória.

O emprego dos sistemas representacionais da fala e da escrita sujeita-se ao emprego de operações não propriamente gramaticais, mas, sim, de natureza cognitiva mais ampla, tais como estas que vimos aqui, a saber: a definição e o controle transversal no texto, de variáveis com valor semântico constante e acompanhados de marcadores coesivos que assinalam sua condição de informação nova ou dada, e modos de sequenciação informacional, com reflexo na estrutura do texto, variáveis conforme o nível de planejamento. Por esse motivo, uma abordagem inatista, baseada na teoria da modularidade da mente, dificilmente seria ampla o suficiente para incorporar tais tipos de operações de caráter geral da mente, pois não parece uma hipótese plausível que estas constem redundantemente em diferentes módulos cognitivos. Ao contrário, uma teoria sobre a mente que destaque os diferentes modos como sujeitos de culturas diversas realizam as mesmas operações – tais como a de Bruner, da qual trataremos no próximo capítulo – apresentaria uma explicação bem mais interessante sobre as diferenças entre a fala e a escrita, assim como entre a fala de sujeitos alfabetizados sob forte influência da cultura escrita e a de sujeitos não alfabetizados, ou alfabetizados sob pouca influência da cultura escrita.

Em última instância, independentemente das opções teóricas que se elejam, o fato é que, mesmo do ponto de vista de operações cognitivas não propriamente de ordem gramatical, os sistemas representacionais da fala e da escrita apresentam propriedades diferentes entre si.

Discuta mais...

1. Qual a relação entre a teoria da modularidade da mente e o dispositivo de aquisição da linguagem?

2. Em que Chomsky e Piaget divergiam?

3. No que consiste o princípio da coesão textual?

4. O que uma operação mental como o planejamento tem a ver com a coesão textual?

5. Por que o processamento mental da coesão textual é diferente na fala e na escrita?

6. Por que a operação de coesão textual sugere que o uso da língua demanda operações mais amplas do que as previstas em um módulo mental exclusivamente dedicado ao conhecimento linguístico?

Estudo complementar

1. Leia mais sobre coesão textual e vá além, buscando compreender as peculiaridades do modo como as pessoas surdas organizam seu pensamento e seus textos. Leia o artigo *Uma análise da coesão textual e da estrutura narrativa em textos escritos por adolescentes surdos*, de Viviany Meirelles e Aline Spinillo, disponível no endereço eletrônico indicado a seguir.

   MEIRELLES, V.; SPINILLO, A. Uma análise da coesão textual e da estrutura narrativa em textos escritos por adolescentes surdos. **Estudos de Psicologia**, Natal, v. 9, n. 1, jan./abr. 2004. Disponível em: <http://www.scielo.br/scielo.php?script=sci_arttext&pid=S1413-294X2004000100015&lng=en&nrm=isO>. Acesso em: 24 mar. 2010.

2. Sobre as operações que incidem sobre a sequenciação das informações no texto, leia *Processos de referenciação na produção discursiva*, de Ingedore Koch e Luiz Antonio Marcuschi, disponível no endereço eletrônico indicado a seguir.

   KOCH, I.; MARCUSCHI, L. A. Processos de referenciação na produção discursiva. **Delta**, São Paulo, v. 14, n. especial, 1998. Disponível em: <http://www.scielo.br/scielo.php?script=sci_arttext&pid=S0102-44501998000300012&lng=en&nrm=iso> Acesso em: 24 mar. 2010.

Fala, escrita e o programa de psicolinguística no campo da alfabetização

Nas duas seções anteriores deste capítulo, reunimos argumentos que sustentam a tese de que a fala e a escrita são sistemas independentes entre si, duas línguas distintas, com propriedades gramaticais e representacionais específicas. Observamos, todavia, logo de início, que existem diversos sistemas de escrita, mas nos detivemos apenas na análise formal do sistema de escrita alfabética, que é objeto do processo de alfabetização no Brasil. Vimos que a fala pode contrair propriedades representacionais típicas da escrita alfabética, caso o falante e sua comunidade de fala privilegiem os traços da cultura escrita como parâmetros desejáveis de conduta social e intelectual. Por outro lado, caso não influenciada pela cultura escrita, a fala pode desenvolver-se sobre parâmetros representacionais os mais singulares à luz dos padrões fixados pela tradição cartesiana, tal como se exemplificou por meio da figura conceitual chamada *macrofonema*, irredutível à condição de unidade distintiva que é base do sistema da escrita alfabética. Embora a representação do grafema, unidade conceitual da escrita, possa admitir diferentes formas de letras com um mesmo significado no sistema alfabético, tal tipo de variação não se confunde com o que ocorre na figura dos macrofonemas, na qual os fonemas são representados em zonas de produção, que mantêm grandes áreas de interseção entre si.

O mesmo se dá quanto à forma das palavras e quanto ao modo de organização e operação do léxico, dinâmico e histórico na fala, atemporal e pouco dinâmico na escrita. Quanto às relações estruturais e morfossintáticas, fala e escrita divergem, igualmente, porém a partir de princípios que regulam o emprego de desinências (no caso do princípio da redundância, que rege a escrita, e do princípio da economia, que rege a fala) e dos termos da sentença (relações de causalidade expressa, no caso da sintaxe escrita, e o sistema inferencial por tópicos e comentários, próprio da fala espontânea).

Com base em todos esses fatos, cabe indagar, inicialmente, se os estudos psicolinguísticos, ainda que originariamente interessados na aquisição e no desenvolvimento da fala, teriam, de algum modo, privilegiado um sistema representacional de fala fortemente influenciado pela cultura escrita. Se assim o foi, tais estudos não poderiam ser arrolados como fonte de explicação para o processo de aquisição da fala, mas, sim, de um modo específico de representação de fala. Possivelmente, entre falantes cuja cultura lhes proporcione o desenvolvimento de uma fala assemelhada ao sistema de representação da escrita, o custo de alfabetização venha a ser extremamente baixo. Contudo, entre falantes que não se desenvolveram sob influência direta da cultura escrita, os custos de alfabetização podem alcançar índices alarmantes e, nesse caso, a contribuição de uma psicolinguística orientada pela e para a cultura escrita é muito questionável, já que não traz nenhuma explicação sobre a natureza dos fatores que interferem sobre os sistemas gramatical e representacional desenvolvidos pelo alabetizando.

Um programa de psicolinguística destinado à formação de psicopedagogos não pode desprezar a urgência social quanto à apresentação de explicação teórico-descritiva para as situações vividas e expressas por sujeitos sociais distintos em processo de alfabetização. Verificamos aqui que diversos tipos de situações de escrita, totalmente estranhos à luz de uma representação gramatical típica do sistema de escrita, podem ser explicados a partir de fenômenos que são próprios da estrutura ordinária da fala.

Discuta mais...

Considerando as informações trazidas neste capítulo, enumere o conjunto de questões e objetos que devem fazer parte de um programa de psicolinguística destinado a formar psicopedagogos para atuarem na superação de problemas de construção de escrita.

8

Psicolinguística, letramento e desenvolvimento

As práticas de alfabetização sempre estiveram fortemente associadas às políticas de formação para o trabalho, especialmente nos países das Américas, cuja tradição escolar formou-se com base no entendimento de que a missão social da escola seja a de preparar para o mercado de trabalho. O surgimento do estudo em psicolinguística deveu-se a um movimento do poder público, em conjunto com a sociedade organizada, no sentido de prover a escola de um

As práticas de alfabetização sempre estiveram fortemente associadas às políticas de formação para o trabalho, especialmente nos países das Américas, cuja tradição escolar formou-se com base no entendimento de que a missão social da escola seja a de preparar para o mercado de trabalho. O surgimento de estudos em psicolinguística deveu-se a um movimento do poder público, em conjunto com a sociedade organizada, no sentido de prover a escola de um instrumental metodológico capaz de instruir e alfabetizar o povo, particularmente nas instituições públicas. Foi essa a motivação da psicolinguística de base comportamentalista, cujas bases nos chegaram por meio da contribuição de Skinner, psicólogo norte-americano, citado no capítulo anterior, cujos trabalhos fundaram, propriamente, o ramo da psicologia escolar. Num tempo em que a produção de trabalho esteve associada a modelos organizacionais baseados no chamado *modelo Ford*, desenvolvido na indústria norte-americana de automóveis, a psicolinguística comportamentalista deu corpo e sustentação a práticas de alfabetização, antes de tudo, orientadas ao desenvolvimento do operariado destinado às linhas de produção fordistas.

O conceito de escrita levado a termo na formação das bases operárias da era industrial era bastante restrito, em coerência com o tipo de enquadramento dado pela indústria ao seu operariado. Mais importante do que a apropriação da escrita como instrumento de cultura e de desenvolvimento intelectual, a indústria via na alfabetização tão somente uma via de adestramento do corpo de seu operariado, a fim de que este viesse a caber nas linhas de produção, normalmente postos de trabalho que envolvem alto risco, demandam profunda concentração e predisposição para longas horas de exercício motor, constante e repetitivo. Assim, pois, um sujeito meramente capaz de assinar seu nome já poderia ser considerado alfabetizado, uma vez que o simples ato motor de grafar um nome já representava prova suficiente de que o operário era capaz de assumir um posto na linha de produção.

A psicologia comportamental deu sustentação à chamada *alfabetização por silabação*, caracterizada pela instrução motora da grafia das palavras e sua reprodução gráfica exaustiva. Partindo-se da apresentação do alfabeto (também chamado *abecedário*), devidamente distribuído em sua sequência alfabética, destacavam-se, primeiramente, as vogais e, em seguida, cada uma das consoantes formando sílabas com cada vogal. E mãos à obra... A alfabetização consistia em pedir aos alunos que copiassem – com "letra bonita"! – as vogais e as sequências de sílabas, por páginas e páginas sem fim, assim como ilustrado na Figura 8.1. Naturalmente, tudo isso demandava um torturante processo de exercitação motora, que envolvia o preparo da mão para o exercício da escrita, por meio dos chamados *exercícios da musculatura fina*, exemplificados na Figura 8.2.

Parte dois
Capítulo 8

Figura 8.1 – Exercícios de caligrafia

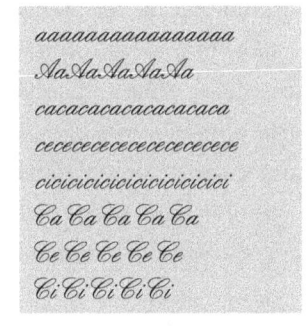

Figura 8.2 – Exercícios de coordenação motora

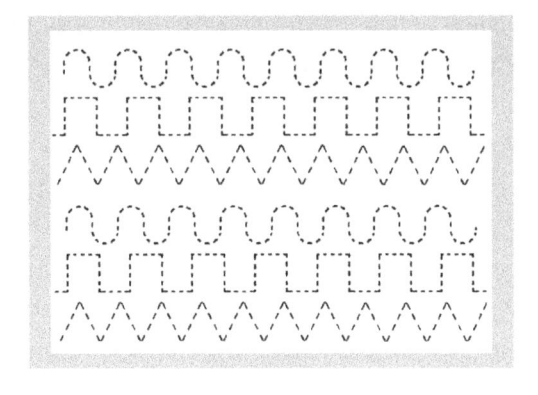

O caminho entre a prática do grafismo na silabação e o uso da escrita propriamente dito ficava por conta da hipótese comportamentalista da psicolinguística, segundo a qual o conhecimento linguístico – oral ou escrito – resulta de condicionamento social. Não raramente, contudo, a despeito da expectativa teórica da psicolinguística, um número significativo de pessoas submetidas à silabação desenvolve não mais do que um comportamento gráfico motor alfabético, caracterizado pela capacidade de reproduzir as formas gráficas das letras (por meio de cópia), sem que sejam associadas ao seu valor grafêmico, ou seja, são tomadas como um desenho peculiar, e não como uma forma empregada com a intenção comunicativa. Esse tipo de comportamento é apresentado por boa parte dos sujeitos sociais cuja alfabetização se limita à assinatura de seu nome próprio e nada mais. A assinatura é apenas um desenho memorizado após uma longa experiência de cópias. Boa parte das políticas de alfabetização de massas no então chamado *Terceiro Mundo*, entre o início do século XX e os anos da década de 1970, limitaram-se a práticas de alfabetização comportamentalistas, com ênfase no condicionamento ao "desenho" do nome. Esse modelo de alfabetização, além de envolver baixos custos, reduz em muito o prazo para a formação do operariado.

Em oposição ao behaviorismo, a psicologia da *gestalt* embasou o surgimento de outro modelo de alfabetização, chamado *palavração*, centrado na teoria geral da percepção humana. Ainda que superando a ideia de que a escrita se produz no sujeito por condicionamento, a palavração não nos chegou acompanhada de uma hipótese consistente quanto ao processo mental relacionado à construção da escrita. O resultado disso foi uma prática de alfabetização centrada na estimulação sensório-motora, orientada pela crença em que a mente geraria a escrita espontaneamente, a partir da exposição à forma visual das palavras. Não raramente, entretanto, a palavração foi compreendida apenas como uma etapa de descoberta da escrita, seguida de práticas de silabação, então empregadas como uma estratégia de "consolidação".

Tanto a silabação quanto a palavração trouxeram consigo para a alfabetização um forte viés clínico, oriundo dos estudos em psicologia experimental acerca da cognição humana. Vivia-se, à época, um momento em que se imaginava a inteligência como uma faculdade mensurável, com base na qual fosse possível estratificar as pessoas em classes como "muito inteligentes", "inteligentes", "ordinariamente inteligentes" e "incapazes". E, nesse sentido, em uma sociedade cujos parâmetros de inteligência perpassam a prontidão para o trabalho, o desempenho dos sujeitos ao longo do processo de alfabetização foi rapidamente absorvido pela cultura escolar como o espaço em que se deveria provar a inteligência. O resultado disso foi um verdadeiro desastre social.

Os índices de insuficiência, reprovação e evasão nas classes de alfabetização alcançaram níveis alarmantes a partir dos anos de 1970, década que marcou, no Brasil, a introdução da obrigatoriedade escolar para todo cidadão e, consequentemente, da aplicação de princípios de alfabetização altamente comprometidos com a tradição clínico-experimental com que vinha sendo tratada a questão metodológica. Por que, afinal de contas, o problema de custo na alfabetização só tomou forma a partir daquela década? Ora, porque até então os sistemas de ensino, até mesmo os públicos, poderiam negar vaga a crianças não alfabetizadas alegando não terem sido aprovadas em exames de admissão. Além do mais, havia o expediente da jubilação, por meio do qual todo aluno reprovado duas vezes em uma mesma série perdia o direito à vaga escolar, deixando de ser problema para o sistema de ensino. E, finalmente, boa parte da população brasileira simplesmente não matriculava os filhos na escola (especialmente as meninas), por se julgar indigna ou incapaz de concorrer a outros espaços sociais: *"Escola é coisa de gente de bem... Lugar de mulher é em casa, cuidando do marido e dos filhos... Filho meu tem que trabalhar... Escola é coisa de mariquinhas... Aqui em casa todo mundo é burro mesmo, então pra que escola?"*.

Todo esse povo, agora responsabilidade social da escola, levou um bom tempo para ser reconhecido e aceito pela cultura escolar. Mais do que "desinteligentes" em face dos padrões vistos como aceitáveis pela cultura clínica da psicologia escolar, aquelas pessoas representavam os sujeitos sociais historicamente banidos da esfera pública, os herdeiros da escravidão, do processo colonial. A escola as odiou, punindo-as com todo o rigor do preconceito e do desprezo por todo e qualquer potencial intelectual que pudessem ter. Contudo, assim mesmo, teve de as acolher e preservar, pois era vedado por lei negar-lhes vaga ou aplicar-lhes jubilação enquanto tivessem entre 7 e 14 anos.

Esta situação de indigência escolar somente começaria a se transformar vários anos depois, quando inúmeros fatores extraescolares trariam mudanças significativas nos conceitos de inteligência, aluno e alfabetização. Na área de política econômica, já se prenunciavam mudanças substantivas nos modos de produção, que tornariam obsoletas as linhas de produção do modelo fordista, fato que repercutiria diretamente sobre o perfil de comportamentos esperados na formação de trabalhadores pela escola. Na área acadêmica, vivia-se uma forte comoção coletiva em virtude da falência dos ideais de sociedade baseados em ideologias utópicas, daí derivando um movimento cada vez maior em favor de se resgatarem os homens comuns, entre os quais uma imensa maioria de sujeitos sociais que se encontravam na periferia dos supostos padrões de normalidade e de aceitabilidade, até então estáveis na Idade Moderna. Quando se alinharam a política econômica e os movimentos humanistas da academia, tivemos a consagração de **Paulo Freire**, cuja contribuição para o avanço nas concepções de alfabetização tem valor inquestionável.

Paulo Freire não foi revolucionário exatamente por ter apresentado alguma nova metodologia de alfabetização; ao contrário, as práticas de palavração cabem muito bem em suas propostas. Em verdade, sua contribuição foi bem mais complexa e profunda. Primeiramente, Freire provoca um deslocamento no foco de investigação preferencial da alfabetização: da criança, objeto por vocação da psicologia cognitiva escolar, para o jovem e o adulto em situação de periferia cultural, algo que, observemos, pela primeira vez noticiava a crença incondicional na capacidade intelectual daqueles que a escola não era capaz de acolher. Ao fazê-lo, Freire introduz nos estudos de alfabetização um fator até então jamais arrolado: **identidade no emprego da escrita**. O fator identitário trouxe à centralidade das discussões sobre alfabetização a questão de que não se pode tomar a escrita como um código de expressão isolado de contexto, pois sua natureza é, irrecorrivelmente, política e sua construção, um movimento que depende do desejo de cada um de se traduzir em escrita. Nada fácil, tenhamos em conta, para aqueles que sempre representaram mentalmente a escrita como um instrumento da sociedade que os oprime e os torna invisíveis.

Curiosamente, a influência de Paulo Freire tardou a chegar às escolas regulares, até mesmo no Brasil, onde sua influência – ou melhor, sua "insurgência" – deu-se a partir dos movimentos de educação popular, voltados, sobretudo, para jovens e adultos. Sua terceira grande contribuição foi para o conceito em si de *ensino-aprendizagem* vigente na cultura escolar, até então fortemente influenciado pelo behaviorismo e pelas concepções teórico-experimentais da *gestalt* e seu refinamento na epistemologia genética, de Piaget. Freire consagraria a tese de que a experiência de aprendizagem se dá, necessariamente, em um dado contexto cultural cujas propriedades não podem ser desprezadas, contrariando, desse modo, a pseudouniversalidade de experiências arroladas até então. Coube a ele a proposição de que as práticas de alfabetização mantivessem diálogo permanente com a cultura imediata dos alfabetizandos, exigindo do professor uma postura investigativa diante das singularidades do mundo à volta de seus alunos. Abria-se, então, a educação para a **pluralidade cultural** e, a partir daí, já se delineava uma nova concepção sobre quem vem a ser "aluno".

Este capítulo analisa o processo que levou a alfabetização ao conceito contemporâneo de **letramento**, desde um ponto de vista preferencialmente voltado à formação de um psicopedagogo com interesse em atuar no acompanhamento de processos escolares, notadamente, naqueles em que preponderem condições de diversidade cultural e desigualdade social. Além da definição de letramento, são os seguintes os objetivos deste capítulo:

- definir a relação entre letramento e desenvolvimento humano, visando a caracterizar o impacto, para a problemática escolar da escrita e da leitura, de uma concepção de aluno cuja mente sofra interferência da experiência cultural;
- assinalar os aspectos a serem acrescentados ao programa de estudos da psicolinguística, considerando-se a concepção de aluno sob influência da diversidade cultural.

O capítulo está distribuído em quatro seções: 1) caracterização dos métodos naturais e seu papel para a formulação do conceito de letramento; 2) apresentação crítica da teoria da psicogênese da língua escrita; 3) discussão e crítica da noção de modos de pensamento no campo dos estudos sobre a mente humana; e 4) definição de letramento e seu interesse para fins de superação da noção de fracasso escolar.

À primeira vista, o termo *letramento* sugere ser tão somente um estrangeirismo derivado da tradução literal do inglês, *literacy*, que significa "alfabetização". No entanto, letramento, tal como empregaremos aqui, é muito mais do que apenas o processo específico de construção da escrita alfabética e constitui um ramo de conhecimento muito particularmente associado à educação no Brasil. Como veremos a seguir, o conceito de letramento é derivado de uma história – ainda breve, porém intensa – de eventos acadêmicos e de tomadas de posição em face de problemas crônicos de educação escolar brasileira, associados a episódios de fracasso escolar e exclusão social.

Discuta mais...

1. De onde derivou a ideia de que se poderia considerar alfabetizado alguém que meramente soubesse escrever o nome?

2. O que os modos de produção industrial têm a ver com as práticas de alfabetização?

3. Que propriedades do método por silabação são relacionadas ao behaviorismo?

4. Como a teoria da *gestalt* influenciou a alfabetização?

5. Quais as duas maiores contribuições de Paulo Freire à alfabetização e à educação em geral?

Estudo complementar

1. Não perca a oportunidade de conhecer a obra de Paulo Freire, particularmente seu livro *Pedagogia do oprimido*, que é um dos marcos conceituais da educação brasileira. Leia também o texto *Da pedagogia do oprimido às pedagogias da exclusão: um breve balanço crítico*, de Danilo Streck, disponível no endereço eletrônico indicado a seguir.

   STRECK, D. R. Da pedagogia do oprimido às pedagogias da exclusão: um breve balanço crítico. **Educação & Sociedade**, Campinas, v. 30, n. 107, maio/ago. 2009. Disponível em: <http://www.scielo.br/scielo.php?script=sci_arttext&pid=S0101-33022009000200012&lng=en&nrm=iso>. Acesso em: 24 mar. 2010.

2. Reflita sobre a dificuldade que a escola encontra para lidar com a diversidade cultural de seus alunos – a maioria de nós já viveu algum episódio de profunda frustração na relação com a escola, mas nem todos temos consciência disso ou de como isso pode ter se originado por algum tipo de preconceito. Leia o texto de Silvia Cruz, intitulado *Representação de escola e trajetória escolar*, disponível no endereço eletrônico indicado a seguir, e discuta sobre o papel da escola em nossa vida.

> CRUZ, S. H. V. Representação de escola e trajetória escolar. **Psicologia USP**, São Paulo, v. 8, n. 1, 1997. Disponível em: <http://www.scielo.br/scielo.php?script=sci_arttext&pid=S0103-65641997000100006&lng=en&nrm=isi>. Acesso em: 24 mar. 2010.

Precursores: os métodos naturais

Na década de 1980, inúmeros fatores sociais influenciaram o desenvolvimento de práticas de alfabetização comprometidas com o emprego da escrita em situações concretas de comunicação. Tais práticas em muito se deveram a um gradual aumento de interesse sobre o estudo das propriedades dos sistemas gramaticais como instrumentos da interação no processo de comunicação, no campo das ciências da linguagem. Foi somente nesse momento que se tornou clara a impossibilidade de se transferirem, para a escrita, os sentidos e usos próprios da fala, tal como se vinha fazendo até então, sob a crença de que a alfabetização pudesse se reduzir à mera descoberta do processo de codificação da língua oral.

Os métodos naturais não trouxeram nenhum tipo de novidade em comparação com seus antecessores. Sua inovação consistia na forma de empregá-los nas dinâmicas de alfabetização, sempre motivadas e centradas na prática de escrita em alguma situação comunicativa concreta. A seu modo, os métodos naturais são um desdobramento das contribuições de Paulo Freire, partindo do pressuposto de que o sentido da escrita, como sistema de expressão, não é claro para todos os alunos. Assim, cabe à escola promover a reunião do processo de descoberta do código escrito ao seu uso como instrumento de expressão.

A partir desse tipo de abordagem da escrita, caiu por terra, também, a ideia de que a prática de leitura não pudesse se dar antes do processo de alfabetização. Ao contrário, nos métodos naturais a escrita deriva das fontes de leitura de textos escritos experienciada pelo aluno, que, desse modo, identifica desde o início da alfabetização o sentido pragmático do código escrito. Observemos que nesse tipo de procedimento reside muito da consciência tomada pela escola de que os diferentes sujeitos sociais tornados alunos não apresentam o mesmo tipo de conceito sobre a escrita. Há alguns que já são capazes de reconhecer o sentido da escrita ao chegarem à escola pela primeira vez, devido a sua experiência social de mundo. Há outros, entretanto, cuja experiência de mundo não inclui a escrita como um fato ordinário e necessário ao convívio social. Especialmente para estes últimos – entre os quais se encontrava a maioria dos sujeitos com dificuldades de construção da escrita –, a alfabetização precisava evoluir, no sentido de se tornar um processo de descoberta de um modelo social, de uma cultura, em que a escrita faz sentido. Um exemplo de prática de alfabetização natural encontra-se na figura a seguir, na qual, a partir do texto de um conto de fadas, destacam-se palavras-chave a serem associadas à palavração.

Figura 8.3 – Métodos naturais na alfabetização

O patinho congelou na **neve** branca.

Dessa tomada de consciência pela escola quanto à necessidade de se aliarem práticas de construção de escrita a processos de integração do aluno à cultura escrita, surge o embrião do conceito de *letramento*. Contudo, por faltar-lhes uma hipótese consistente sobre a natureza mental do processo de construção da escrita, os métodos naturais muito pouco avançaram no estudo das circunstâncias que colaboravam para que alguns alunos não se alfabetizassem, mesmo sendo levados a experienciar a cultura escrita por meio de textos, presumivelmente, significativos. Além disso, por mais justificável que seja a doutrina que orienta o emprego dos métodos naturais, sua sustentação com base na convicção de que a cultura letrada influencie o processo mental de construção da escrita (ou mesmo, determine, segundo adeptos mais radicais) não deixa de associá-los à tese primária da silabação, de origem comportamentalista, com um forte perfil determinista.

Discuta mais...

1. O que os métodos naturais trouxeram como contribuição às práticas de alfabetização?

2. Como a leitura começou a se dar na escola antes do processo de alfabetização?

Estudo complementar

1. Os métodos naturais evoluíram para os chamados *estudos culturais*, que hoje ocupam um espaço significativo nas práticas de alfabetização em todo o país. Sobre tais tipos de práticas, leia o texto *Histórias infantis e aquisição da escrita*, de Vera Simões, disponível no endereço eletrônico indicado a seguir.

   SIMÕES, V. L. Histórias infantis e aquisição da escrita. **São Paulo em Perspectiva**, v. 14, n. 1, jan./mar. 2000. Disponível em: <http://www.scielo.br/scielo.php?script=sci_arttext&pid=S0102883920000001-00004&lng=en&nrm=iso>. Acesso em: 24 mar. 2010.

Primeiros passos: a Psicogênese da Língua Escrita

A primeira teoria sobre o processo de construção mental da escrita foi desenvolvida, em língua espanhola, pela argentina Emilia Ferreiro, com a colaboração de Ana Teberosky, catedrática da Universidade de Barcelona. Denominada

Psicogênese da Língua Escrita, doravante aqui apenas *Psicogênese*, constitui um estudo de cunho revolucionário para a época em que foi realizado (fins dos anos de 1970), tornando-se um divisor de águas, não apenas na área de educação, mas em todas as ciências humanas. Na realidade, foram duas as revoluções decorrentes dessa teoria: a primeira relacionada à caracterização da escrita como um fenômeno produzido na e pela mente, contrapondo-se, finalmente, à única teoria consistente que existia até então, a comportamentalista; a segunda revolução, de ordem mais ampla, relativa à concepção de produção de conhecimento em ciências humanas, com imediata repercussão no modo como tais ciências passariam a conceber a mente e o sujeito cognoscente.

O objetivo da Psicogênese consiste em formular uma teoria capaz de explicar o processo mental por meio do qual o indivíduo constrói a escrita. Convém, então, definirmos o que se pode compreender por *construção da escrita*, a fim de que tenhamos algum material para avaliar a proposta teórica da Psicogênese. Construir a escrita significa **desenvolver certo conhecimento** que proporcione ao indivíduo:

a) discriminar os grafemas (ver capítulo anterior) do sistema de escrita alfabética empregado em dada sociedade;

b) empregá-los na produção e na leitura de textos escritos que atendam aos princípios de uso variáveis conforme cada um dos tipos de gêneros empregados em dada sociedade.

Ainda precisamos examinar então algumas definições: princípios de uso e gêneros textuais. Vejamos cada um.

Os **princípios de uso** de um sistema gramatical são as suas regras morfológicas, morfossintáticas e sintáticas, além das regras grafemáticas, que envolvem as dinâmicas combinatórias de grafemas (o equivalente, no código escrito, às regras fonológicas). Tratamos disso no capítulo anterior, quando observamos que se trata de regras próprias da escrita, sem equivalência com as da fala na maioria das vezes.

Os **gêneros textuais** são uma especialização daquilo que, em teoria literária, eram considerados os gêneros literários, a saber, poesia, narrativa e drama. Após as teorias da comunicação, mostrou-se conveniente discriminar certos tipos de textos, que vieram a ser chamados *modalidades textuais* e envolviam a poesia, a descrição, a narrativa e os textos técnicos, além do drama. Já no final do século passado, a noção de gênero textual expandiu-se bastante, vindo a dar conta de relacionar os textos às diversas condições de seu uso na comunicação. Desse modo, a compreensão de gênero textual passou a tipificar o texto conforme certa situação comunicativa em que é empregado e dentro da qual recebe uma forma específica. Passamos, assim, a ter gêneros como histórias em quadrinhos, jornais, contos, diários pessoais, bilhetes e cartas, convites, *blogs* etc. Observemos, portanto, que a noção contemporânea de gênero textual não é o mesmo conceito que, anteriormente, discriminava as modalidades textuais, ou os gêneros literários. Trata-se de uma noção inteiramente nova, que leva em conta vários aspectos conjugados entre si: o tipo de mídia utilizado (fala, papel, computador, gravador de som ou imagem), o tipo de texto (verbais ou não verbais), a finalidade (pessoal, como em um diário ou um *blog*, apelativa, como em cartas e bilhetes, ou referencial, como em um conto ou um relatório) e o contexto de uso (nível de formalidade, efeito desejado etc.).

A noção de gênero textual implica uma gama de fatores que em muito transcendem os limites da alfabetização em seu sentido tradicional, relacionado à construção do código escrito. Este foi o primeiro aspecto revolucionário da Psicogênese. Ao criticar a ênfase escolar sobre as dinâmicas de codificação da fala pela escrita, propôs que a alfabetização fosse compreendida como um processo de descoberta da função comunicativa da escrita, como um instrumento de produção de textos cuja forma e sentido atendem aos usos culturais, e não como um mero código formal. Assim, a noção de *alfabetizar* passa a ser compreendida como **promover a integração do indivíduo às diversas práticas sociais de escrita**.

Essa noção de alfabetização vinculada a práticas de integração social foi o aspecto da psicogênese que mais concorreu para sua aceitação no campo da educação, ainda na década de 1980, quando da histórica Conferência Mundial de Educação na cidade de Salamanca, na Espanha, na qual se sagrou a meta de **educação para todos**. Na verdade, a Carta de Salamanca foi uma resposta precoce da comunidade econômica internacional aos sinais evidentes de profundas transformações nos meios de produção e no trabalho, cujas propriedades já demandavam um novo perfil de operariado. Então, não bastava mais a um trabalhador saber assinar o nome, simplesmente. Não bastava mais uma educação que se resumisse a adestrar pessoas para trabalharem em linhas de produção. O novo operariado da sociedade pós-industrial deveria provar-se intelectualmente capaz e autônomo, tornando-se necessário, consequentemente, retirá-lo da condição de indigência intelectual que lhe fora legada desde os primórdios da Revolução Industrial na Europa.

A Psicogênese é herdeira dos princípios gerais que, no Brasil, resultaram no movimento chamado *Escola Nova*, fortemente influenciado pelas teorias experimentais europeias sobre o desenvolvimento da inteligência. Segundo tais princípios, a inteligência é uma faculdade universal de nossa espécie, cujo desenvolvimento é homogêneo entre todos os seres humanos e se pode observar empiricamente.

Fortemente influenciada pela biologia e pela noção de estrutura (ver capítulo anterior), essa faculdade de inteligência explica-se pela existência de certas propriedades, ditas *cognitivas*, que, em seu conjunto, resultam na mente humana. Embora vários pesquisadores tenham abraçado essa concepção de inteligência como faculdade biológica, o mais notório – e mais próximo da formulação da Psicogênese – foi Piaget, particularmente com as obras *A construção do real na criança*, *A epistemologia genética*, *A formação do símbolo na criança – imitação, jogo e sonho, imagem e representação* e *A linguagem e o pensamento da criança*, todos publicados na primeira metade do século XX.

A proposta básica da Psicogênese consiste em explicar a construção da escrita numa perspectiva desenvolvimentista, à luz do modelo de organização e funcionamento da mente proposto por Jean Piaget. Recorde-se que o modelo piagetiano de mente a concebe como um organismo que reage ao meio, em movimentos de **assimilação** e **reequilibração**. A compreensão da operação mental de assimilação exige que nos reportemos à noção de *categorias do pensamento*, apresentadas na tradição filosófica, desde Kant, como as unidades essenciais que nos permitem conhecer a estrutura das coisas que representamos no pensamento. Tais categorias têm natureza lógico-formal e compreendem aspectos como extensão, altura, proporcionalidade, profundidade etc., todas relacionadas à constituição das coisas, daí serem chamadas *propriedades essenciais*. Em Kant e até os predecessores de Piaget, tais categorias do pensamento constituíam material inato, ou seja, dados prontos às faculdades humanas por fatores genéticos, independentes de qualquer forma de experiência ou aprendizagem. Foi propriamente com Piaget que essa concepção de inatismo foi substituída por outra, também inatista, porém acompanhada da ideia de que o material inato dispunha-se na mente como **propriedades potenciais**, cujo desenvolvimento depende, ao mesmo tempo, de evolução maturacional do sistema nervoso e de experiência de aprendizagem.

A noção de aprendizagem em Piaget nada tem a ver com a noção escolar de ensino-aprendizagem, na qual prepondera o aprendizado de conteúdos programáticos, em sua grande maioria definidos na ordem da cultura. Em sua teoria, aprendizagem é um desenvolvimento mental que resulta de certa evolução cognitiva, um estado mental, portanto. Em Piaget, existe uma forte relação entre aprendizagem e maturação neurofisiológica, uma vez que a assimilação das propriedades dos objetos experienciados pela criança dá-se em coerência com o nível de seu desenvolvimento maturacional. Isso significa que crianças em diferentes estágios de desenvolvimento maturacional assimilarão um mesmo objeto de formas diferentes, sem, no entanto, tratá-los como objetos diferentes. Isso também significa que um mesmo conceito mental sofre um processo de desenvolvimento, à medida que sua representação evolui conforme evoluem as operações de assimilação formuladas pela criança ao longo de sua maturação.

Tais referências piagetianas, sem dúvida, tornam-se um problema para uma teoria desenvolvimentista de construção da escrita, sobretudo pelo fato de que esta é, por natureza, um objeto cultural, presente tão somente em parte dos grupos sociais ao redor do planeta e passível de existir sob diferentes formas, alfabéticas e não alfabéticas. Por esse motivo, a psicogênese necessitou lançar mão de outros referenciais teóricos, com os quais buscou dar à escrita e ao processo de sua construção alguma natureza passível de ser explicada em bases desenvolvimentistas, ou construtivistas, como veio a ser conhecida nas áreas da educação. Foram duas as correntes teóricas a que Ferreiro e Teberosky recorreram: a **teoria gerativa**, de Chomsky, e a **teoria social da mente**, de Lev Semenovitch Vygotsky. Esse arranjo teórico com que se reuniram diferentes referenciais com o objetivo de dar sustentação à hipótese do construtivismo foi uma ousadia à época em que foi proposto, ainda nos anos de 1970, quando as fronteiras entre os vários paradigmas da ciência simplesmente não podiam ser violadas, sob pena de se invalidar a credibilidade do estudo teórico.

Discuta mais...

1. O que entendemos por "construir a escrita"?

2. O que são gêneros textuais?

3. A partir da noção de gêneros textuais, como se passou a compreender a finalidade da alfabetização?

4. Qual a relação entre a Psicogênese e o movimento da Escola Nova?

5. Por que a origem piagetiana da Psicogênese torna-se um problema para a formulação de uma teoria sobre a construção mental da escrita?

Estudo complementar

1. Sobre a noção teórica de *gênero textual*, leia o texto *Veículo de comunicação e gênero textual: noções conflitantes*, de Adair Bonini, disponível no endereço eletrônico indicado a seguir.

BONINI, A. Veículo de comunicação e gênero textual: noções conflitantes. **Delta**, v. 19, n. 1, 2003. Disponível em: <http://www.scielo.br/scielo.php?script=sci_arttext&pid=S0102-44502003000100003&lng=en&nrm=iso>. Acesso em: 24 mar. 2010.

2. Na Psicogênese, Emília Ferreiro e Ana Teberosky apresentaram severas críticas ao caráter mecanicista envolvido no emprego de cartilhas na alfabetização. Além desse aspecto, podemos destacar nas cartilhas forte cunho ideológico que pode interferir no sentimento de pertencimento do aluno em face da cultura escrita. Um estudo sobre o plano ideológico das cartilhas é apresentado no texto *Aprender a ler entre cartilhas: civilidade, civilização e civismo pelas lentes do livro didático*, de Carlota Boto, disponível no endereço eketrônico indicado a seguir.

BOTO, C. Aprender a ler entre cartilhas: civilidade, civilização e civismo pelas lentes do livro didático. **Educação e Pesquisa**, v. 30, n. 3, set./dez. 2004. Disponível em: <http://www.scielo.br/scielo.php?script=sci_arttext&pid=S1517-97022004000300009&lng=en&nrm=iso>. Acesso em: 24 mar. 2010.

A Psicogênese e os universais linguísticos

A presença da teoria gerativa na Psicogênese deve-se à necessidade de justificar a escrita alfabética como objeto da experiência de aprendizagem segundo padrões piagetianos, tarefa das mais difíceis tendo em vista que Chomsky e Piaget jamais chegaram a termo quanto à situação da linguagem no quadro da mente humana. Na realidade, a teoria gerativa não chega a ser incorporada propriamente em nenhum ponto da Psicogênese, exceto no que tange à evocação de um de seus princípios operacionais básicos: **os universais linguísticos**. Como vimos no capítulo anterior, os universais linguísticos são o material inato do **dispositivo de aquisição da linguagem**, assim chamado o módulo mental responsável pela aquisição da língua oral. Recordemos, então, que os universais linguísticos, além de especificamente relacionados à língua oral, somente fazem sentido em uma teoria como a gerativa, a qual pressupõe um modelo de mente formado por módulos ultraespecializados, como o dispositivo de aquisição da linguagem, por exemplo. Contudo, postas à parte as peculiaridades da teoria gerativa, a Psicogênese dela se vale para criar toda uma argumentação em favor de se tomar da escrita não como um fenômeno cultural, um código artificial, mas, sim, como um sistema simbólico tão associado às faculdades inatas do ser humano, como a fala. Fazendo isso, então, a teoria sobre a construção da escrita estaria a um passo de poder ser formulada com base em uma abordagem desenvolvimentista: caso haja universais inatos relacionados à escrita, estes funcionariam como elementos essenciais, como categorias do pensamento, com a mesma fisionomia dos objetos arrolados no modelo de desenvolvimento e de experiência descrito na teoria de Piaget.

Mais uma vez, ressalvemos, não é possível de nenhum modo associar os universais linguísticos constantes na teoria gerativa a outros possíveis universais que a Psicogênse empregue na caracterização do sistema da escrita. O valor empírico dos universais linguísticos está associado à evidência incontestável de que todos os seres humanos desenvolvem a língua oral independentemente da intervenção de terceiros, bastando para isso que sejam expostos à fala que compartilham com a criança em processo de aquisição da escrita. Esse processo é homogêneo em aspectos os mais significativos entre crianças situadas nas mais diversas partes do planeta e sob as mais variadas circunstâncias socioculturais. No caso da escrita, nada disso se verifica, especialmente a homogeneidade, já que um número elevadíssimo de pessoas ao redor do mundo não construiu e não pretende vir a construir nenhum tipo de escrita, sem que isso interfira de algum modo em sua sobrevivência ou em seus estilos de vida. É, consequentemente, matéria das mais controversas a atribuição de valor essencial – inato e filogenético, ou seja, uma propriedade primária da espécie humana – a um sistema de expressão que alcança a humanidade de forma desigual e fortemente associado a vocações de natureza cultural.

O único aspecto relacionado às práticas de escrita que poderia ser arrolado pela Psicogênese é uma aparente predisposição do ser humano ao **grafismo**, manifesta em crianças ainda bebês, quando, para desespero de seus pais, lançam mão dos mais variados objetos para grafitar ou esculpir as paredes de casa. Não existem estudos consistentes sobre a existência de algum tipo de padrão nos grafismos, ou algo que nos permitisse argumentar em favor de uma estrutura comum capaz de caracterizar um sistema humano de grafismos, ou mesmo um processo universal de evolução dos grafismos de formas básicas a formas gradativamente mais complexas. Desse modo, é pouco provável que se possa sustentar algum tipo de analogia entre o desenvolvimento estrutural e funcional da fala, nos termos almejados pela teoria gerativa, e o desenvolvimento do grafismo. Entretanto, é exatamente essa analogia que dá sustentação ao conceito de desenvolvimento aplicado à escrita na teoria da Psicogênese.

Embasada na suposta analogia entre desenvolvimento da fala e do grafismo, a Psicogênese, mais uma vez, retorna à perspectiva construtivista orientada segundo Piaget. Contudo, ainda assim, encontraria problemas para propor uma teoria desenvolvimentista da construção da escrita.

Tanto em Piaget quanto em Chomsky, a noção de desenvolvimento aplica-se sobre objetos que se preservam ao longo de todo o processo. O desenvolvimento é, portanto, uma noção aplicada ao objeto da representação mental, e não ao sujeito que a desenvolve. Vale dizer que a noção de profundidade presente na representação mental de uma criança de dois anos será a mesma em sua mente dentro de cinco anos, porém mais apurada. O mesmo se dá na teoria gerativa, segundo a qual as regras de descrição frasal presentes na representação gramatical de uma criança de dois anos não se perdem à medida que esta evolui no processo de aquisição da língua, mas, sim, tornam-se mais precisas, ou com níveis de abrangência diferentes. Este princípio de conservação conceitual é uma prerrogativa, em ambas as teorias, de sua fisionomia inatista, a qual assegura – segundo seu próprio entendimento – o caráter universal do conhecimento: somente o que se desenvolve a partir do corpo de conhecimentos inatos pode resultar comum entre os homens, a despeito de estarem sujeitos a imensas variações históricas e culturais.

Discuta mais...

1. Qual a finalidade da teoria gerativa na Psicogênese da Língua Escrita?

2. O que a Psicogênese compreende por *grafismo* no processo de construção da escrita? Existe nisso algum problema de ordem teórica?

Estudo complementar

1. Leia um pouco mais sobre a relação dos universais linguísticos com a Psicogênese, no texto *Psicogênese da língua escrita, universais linguísticos e teorias de alfabetização*, de Luiz Senna, disponível no endereço eletrônico indicado a seguir.

SENNA, L. A. G. Psicogênese da língua escrita, universais linguísticos e teorias de alfabetização. **Alfa**, São Paulo, n. 39, p. 221-241, 1995. Disponível em: <http://www.senna.pro.br/biblioteca/alfa95.pdf>. Acesso em: 26 mar. 2010.

As etapas de construção da escrita na Psicogênese

Na Psicogênese, a noção de desenvolvimento está associada a uma série de quatro etapas, em que se apresentam formas específicas de grafismos entre os sujeitos em processo de construção da escrita. As etapas da Psicogênese são as seguintes:

- **Etapa pré-silábica**, na qual se empregam grafismos não associáveis a grafemas do sistema alfabético; costuma ser dividida em duas fases, sendo uma caracterizada por traços metonímicos (o desenho busca guardar similaridades com o referente que representa) e a outra pela arbitrariedade na relação entre a forma gráfica e o referente que representa (ver Figura 8.4).

Figura 8.4 – Grafismos pré-silábico de caráter arbitrário

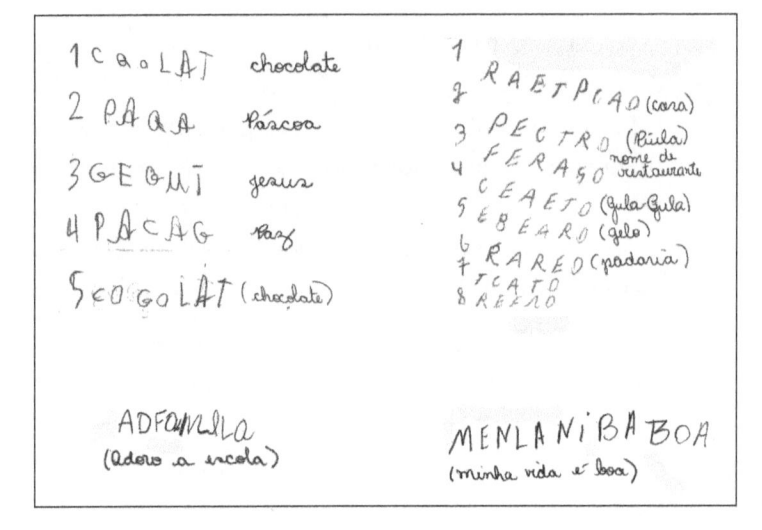

- **Etapa silábica**, na qual se dá a descoberta da forma dos sinais próprios do sistema alfabético, porém utilizados como grafemas complexos em que uma letra representa um conjunto de grafemas. Exemplo: *"a o"* por *pato*; *"p"* por *pé*.
- **Etapa silábico-alfabética**, na qual a escrita evolui para a forma canônica do sistema alfabético, porém numa fase fortemente identificada pela presença de marcas da fala sobre a escrita, na qual o alfabetizando busca

derivar a escrita da fala. Exemplo: *"tabein"* por *também*; *"prasco"* por *plástico*.
- **Etapa alfabética**, na qual a escrita se torna uma representação autônoma da fala e sua forma passa a atender aos princípios ortográficos.

A questão que se coloca, então, é como se dá a passagem de uma etapa para outra, tendo em vista que as propriedades materiais e representacionais dos grafismos típicos de cada uma não são evoluções naturais, biologicamente determinadas numa cadeia de desenvolvimento. Por esse motivo, a Psicogênese, mais uma vez, necessitou lançar mão de um recurso oriundo de outro campo teórico, desta vez a clássica **teoria social da mente**, de Vygotsky.

Discuta mais...

Por que tais etapas se apresentam como um problema em face da noção piagetiana de desenvolvimento?

Estudo complementar

Não deixe de aprofundar seu conhecimento sobre tais etapas de construção da escrita lendo diretamente o livro *Psicogênese da Língua Escrita*, de Emilia Ferreiro e Ana Teberosky.

A presença de Vygotsky na Psicogênese

A **teoria social da mente**, tal como ficaram conhecidos os estudos de Vygotsky, foi introduzida na Psicogênese com a finalidade de apresentar uma solução para o problema das etapas no processo de construção da escrita. Tal problema, já arrolado na seção anterior, reside no fato de não haver qualquer tipo de relação lógico-causal entre as quatro etapas do processo de alfabetização, de modo que a passagem de uma para outra não pode ser explicada em termos desenvolvimentistas. Tal fato traz implicações desastrosas para a consecução de uma teoria sobre o processo de construção da escrita nos termos a que se dispôs a Psicogênese.

Ocorre que, em diversos pontos da Europa nos anos que antecederam a Segunda Guerra Mundial, ganhou força uma série de estudos que, motivados pelos avanços da linguística, buscaram investigar o impacto da linguagem sobre os processos de construção do conhecimento. Entre eles, por exemplo, o filósofo alemão Ludwig Wittgenstein, com sua *Gramática filosófica* (escrita estre 1931 e 1939, porém somente publicada inicialmente em 1969), dá o pontapé inicial aos estudos no campo da pragmática do discurso, por meio da noção de *jogos de linguagem*, assim denominado o movimento de interação entre sujeitos de uma mesma comunidade linguística, no esforço de produção de conhecimento mediado pelo uso das palavras. À mesma época, na Rússia, o humanista Lev Vygotsky, em uma breve carreira interrompida pela tuberculose e por pressões políticas, desenvolveu uma teoria altamente consistente sobre as implicações do meio cultural no funcionamento da mente. Comprometido com o ideário dos intelectuais de sua época, especialmente na Rússia, com relação ao reconhecimento das minorias sociais como sujeitos plenamente capazes de realizar operações cognitivas, Vygotsky contrapunha-se veemente ao behaviorismo, cujo viés determinista pressupunha que os padrões de comportamento e valores das minorias sociais eram uma ameaça ao progresso e, portanto, deveriam ser banidos. Contrapunha-se, também, à suposta neutralidade sociocultural de teorias de cunho universalizante, como as de Piaget e todas as suas demais predecessoras na história da sociedade moderna, segundo as quais a experiência de desenvolvimento não exerceria qualquer influência sobre a representação mental das categorias do pensamento. Tratemos dessa questão com mais vagar, a seguir.

Na teoria de Piaget, o processo de construção de conhecimento busca a reequilibração da mente em face de uma experiência cujas propriedades não podem ser assimiladas pelo estágio de desenvolvimento em que esta se encontra. Tal processo de reequilibração, segundo sua teoria, passa por dois estágios: **acomodação**, que consiste na solução do problema experienciado de forma aleatória, como em um processo investigativo por ensaio e erro, e **formulação de esquema**, que consiste na formulação de um registro mental acerca do processo que leva à resolução do problema experienciado. Segundo Piaget, o processo que conduz o indivíduo desde as tentativas da acomodação até a formulação de um esquema é comum a todos os seres humanos e previsível, já que, em sua teoria, os esquemas são baseados em categorias essenciais, potencialmente inatas. Em certa medida, sua tese procede, pois nem todos os esquemas que nossa mente formula são conscientes para nós. Basta que pensemos na imensa quantidade de esquemas envolvidos na prática de dirigir um automóvel, nos quais não temos tempo de pensar enquanto dirigimos e, na maioria das vezes, nem sabemos quais são.

Entretanto, as experiências humanas não são todas baseadas em ações como a de dirigir automóveis. Boa parte delas envolve a tomada de decisões e a formulação de esquemas que resultam conscientes para nós. Nesse caso, ao tomar consciência de um esquema, nossa mente automaticamente o torna uma representação simbólica e a ela atribui uma representação verbal, transformando-a, assim, em um **conceito**. Na teoria de Piaget, no entanto, os conceitos mentais são os próprios esquemas, conscientes ou não, já que no seu entendimento um conceito seria uma categoria essencial de mundo, um conceito lógico-formal, portanto. Ocorre, todavia, que mesmo as relações lógico-causais são sujeitas a variações conforme o uso, tal como podemos verificar na figura a seguir.

Figura 8.5 – Um mesmo objeto, duas formas de distribuição espacial

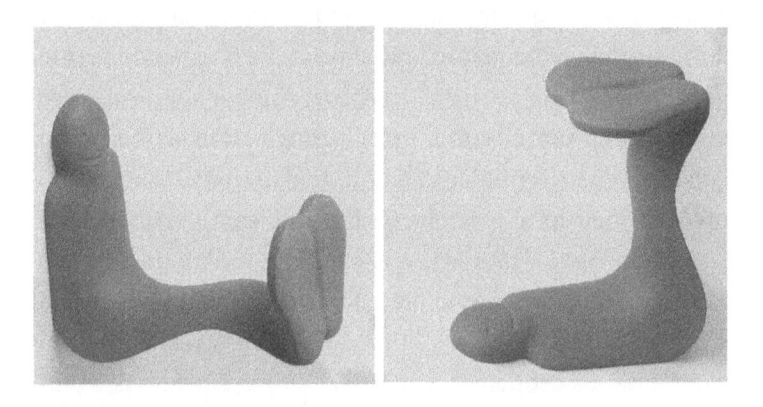

A Figura 8.5 traz imagens de um mesmo objeto distribuído no espaço de duas formas diferentes. Cada uma das formas de distribuição, horizontal ou vertical, constitui uma relação lógico-causal diferente com o meio em que se encontra o objeto, ambas possíveis do ponto de vista estritamente

formal. Apenas uma delas, porém, atende à relação lógico-causal considerada "normal" pelo senso comum, que seria a primeira, em que se apresenta uma forma humana sentada no solo, com as pernas esticadas à frente. Contudo, é a segunda que nos apresenta a imagem do objeto real, que é um banco, cujo assento é formado pelos pés da forma humana e cujos pés são formados pelo dorso da figura humana. A segunda contraria radicalmente o senso comum, todavia não apresenta nenhuma incoerência do ponto de vista lógico-formal, pois a informação de que pés humanos não sejam assentos de bancos, ou de que dorsos não sejam pés, não é de natureza lógico-formal, mas cultural.

Na teoria de Piaget, a fronteira entre os limites do lógico-formal e do cultural não é clara, pois nela o sujeito cognoscente é uma figura constante e universal, a qual se tem denominado *sujeito cartesiano*. O sujeito cartesiano não é apenas uma abstração humana de natureza lógico-formal, um cérebro pensante desvinculado de corpo e vida pública, como idealizaram os iluministas. Não, ele é o sujeito social da Europa Moderna civilizada, as elites, aqueles que se visitavam nas cortes, nos salões de aristocratas, na alta academia, nas sociedades comerciais. Era o seu ponto de vista que determinava o senso de normalidade e de propriedade lógico-causal e, consequentemente, punia como anormal ou ilógico todo e qualquer ponto de vista cultural que lhe contrariasse. Talvez justamente por isso, a Arte Moderna – grande inspiradora de Vygotsky – tenha tido um papel tão revolucionário na história recente do mundo, por impor às elites culturais novos padrões estéticos e novas subjetividades.

Vygotsky faz deslocar o foco de atenção nos estudos da mente para o processo de trocas sociais que resulta na **formulação de conceitos**. Se, para Piaget, a construção de conhecimento tem por objetivo a formulação de esquemas cognitivos, para Vygotsky, ela tem por finalidade a formulação de conceitos. A noção de reequilibração é constante em ambos, porém, em Vygotsky, representa o esforço de identificação do conceito de mundo atribuído aos objetos por diferentes sujeitos sociais. Eis aí a maior contribuição de Vygotsky para os estudos da mente: a concepção de que os conceitos que dão sentido aos objetos e desencadeiam os processos mentais são plurais e representam sujeitos sociais diversos. Desconstruía-se, assim, o mito dos sujeitos cognoscentes universais.

No núcleo básico de sua teoria, Vygotsky atribui à linguagem – vale dizer, à fala – o papel central no processo de construção de conhecimentos, pois é o intercâmbio oral entre dois sujeitos sociais que lhes permite conhecer mutuamente os valores que cada qual atribui a um único objeto cultural. Nesse ponto, é possível associar Vygotsky a Wittgenstein, ambos interessados no impacto das línguas naturais sobre os estados de produção de conhecimento. Entretanto, Vygotsky foi além, ao propor, a partir da situação empírica de intercâmbio entre conceitos relativos a um único objeto, a descrição de um modelo de funcionamento da mente baseado em um mecanismo similar ao postulado por Piaget, em que se destacam três estados cognitivos:

1. um estado em que a mente é capaz de reconhecer no objeto um conceito cultural já previamente formulado, sendo-lhe, portanto, um objeto familiar, denominado *zona de desenvolvimento potencial* (ZDP), a qual corresponde, em Piaget, a um estado mental equilibrado;
2. um estado em que a mente não é capaz de reconhecer o conceito cultural de um dado objeto com base em nenhuma das suas experiências culturais anteriores, provocando-lhe, assim, um estado de desequilibração,

caracterizado por um processo de jogos de linguagem, um estado de busca pela compreensão do sentido que o outro atribui ao objeto; este estado de busca é denominado *zona de desenvolvimento proximal* e teria similaridade, *grosso modo*, com o processo de acomodação em Piaget;

3. um estado de reequilibração em que a mente é capaz de reconhecer no objeto o valor cultural que lhe é atribuído pelo outro, intitulado *zona de desenvolvimento real*, associável ao processo de formulação de um esquema.

Embora possamos promover alguma associação entre os processos de construção de conhecimento nas teorias de Vygotsky e Piaget, não podemos perder de vista que tal associação não passa de mera semelhança no quadro de um processo evolutivo. Ambas as teorias guardam diferenças as mais profundas entre si, especialmente quanto à concepção de objeto do conhecimento e quanto à concepção da matéria do conhecimento. O objeto em Piaget é fixo e constante, uma realidade cujas propriedades são definidas em caráter universal, consequentemente, fora do controle do sujeito cognoscente que a ele se submete. Já em Vygotsky, o objeto em si não importa tanto quanto os conceitos de mundo – os mais diversos, infinitos – que os diferentes sujeitos sociais a ele atribuem. Isso tem um impacto imenso sobre os conceitos de *verdade* e *normalidade*. Como, em Piaget, as propriedades lógico-formais dos objetos são o alvo do processo de construção de conhecimento, a verdade está no próprio objeto, algo a ser desvendado pelo sujeito cognoscente. Já em Vygotsky, como a mente se concentra nos valores conceituais dos objetos, a verdade se desloca para o centro das zonas de desenvolvimento, não como um valor fixo, dado ao objeto em si, mas como um valor sempre aberto ao novo, ao significado do outro. Assim, se, em

Piaget, a normalidade está associada a uma relação sempre estável entre verdades e objetos, em Vygotsky, a normalidade associa-se exatamente ao oposto, à instabilidade das relações entre objetos e conceitos de mundo. Por esse motivo, a matéria do conhecimento – aquilo de que este se constitui – é igualmente diversa em ambas as teorias: categorias lógico--formais de caráter essencial, em Piaget; conceitos socioculturais, em Vygotsky.

Dada a natureza eminentemente cultural da escrita alfabética, a Psicogênese lança mão da teoria de Vygotsky para explicar todo o processo evolutivo ao longo da construção da escrita. Elege, então, a figura do professor como o elemento mediador entre a cultura escrita e a mente em processo de alfabetização, dentro de um contexto experimental intitulado *ambiente alfabetizador*. Para que isso se dê, todavia, tornou-se necessário lançar mão de uma pressuposição que não é coerente com Vygotsky: a ideia de que todo sujeito alfabetizando traz para a escola uma **hipótese sobre o valor social da escrita**, a qual será a base inicial para todo o processo de desenvolvimento proximal à escrita alfabética. Uma tal pressuposição admite, portanto, que toda pessoa, ao entrar na escola, já compartilhe o conceito cultural de escrita alfabética, algo que a torna, por conseguinte, sujeito potencial da cultura escrita. Onde estaria, então, a zona de desenvolvimento proximal? Onde estaria a diversidade cultural, a mais significativa propriedade da teoria social de mente formulada por Vygotsky?

O emprego de Vygotsky na Psicogênese adquiriu muito mais o papel de justificativa da perspectiva desenvolvimentista adotada na teoria do que um caminho para discutir a complexidade da construção teórica da mente humana em face de situações de ensino-aprendizagem tipicamente relacionadas a padrões culturais. O resultado disso foi uma teoria com recortes pouco definidos, especialmente quanto ao tipo de sujeito cognoscente considerado e ao tipo de procedimento mediador adotado pelo professor: em que tipo de hipótese se sustenta o aluno para superar uma etapa e outra no processo de alfabetização?; até que ponto a hipótese formulada pelo aluno, em uma dinâmica de experiência tipicamente piagetiana, não seria um juízo induzido pelo tipo de orientação dada pelo professor ou pelo tipo de experiência social que formou o aluno, variando, portanto, de pessoa para pessoa?

Dentre todas as dificuldades encontradas pelo professor no contexto de uma prática de alfabetização embasada na Psicogênese, a mais contundente – e irrecorrível – resulta do caráter impositivo com que a forma ortográfica da escrita alfabética se apresenta aos usuários do sistema. A forma da escrita não é um conceito aberto ao diálogo com o outro; ao contrário, é uma determinação que chega ao povo por decreto nacional, a partir de acordos e meandros políticos a cujo controle apenas um número insignificante de pessoas tem acesso. Na ausência de marcas ortográficas aceitas pela cultura hegemônica que as regulamenta, a produção escrita do sujeito simplesmente não é reconhecida como tal, como "produção escrita", mas, sim, como um grafismo típico de um sujeito social inferior, incapaz de transitar pela cultura escrita, a própria representação do fracasso escolar.

Discuta mais...

1. Qual a finalidade da teoria de Vygotsky para a Psicogênese?

2. Por que Vygotsky contrapunha-se tanto ao behaviorismo quanto ao construtivismo de Piaget?

3. O que é um conceito para Vygotsky?

4. Como se explicam as noções de *assimilação* e *reequilibração* na teoria de Vygotsky?

5. O que as noções de *verdade* e *normalidade* têm a ver com as teorias de Piaget e Vygotsky?

6. Como se pode criticar a premissa da Psicogênese de que toda criança, ao entrar na escola, já traz uma hipótese sobre o valor social da escrita?

7. Por que a natureza fechada da escrita se torna um problema para a teoria de Vygotsky?

Estudo complementar

1. O problema enfrentado pela Psicogênese não reduz o seu mérito ao tentar reunir teorias em favor de um fim maior, rompendo com as radicais barreiras entre os paradigmas científicos. O texto *Construtivismo ou construcionismo? Contribuições deste debate para a Psicologia Social*, de Ronald Arendt, traz-nos uma excelente proposta de discussão sobre o assunto, buscando aproximar duas áreas da psicologia de forma semelhante àquilo que vimos discutindo aqui. Você pode acessá-lo no endereço eletrônico indicado a seguir.

ARENDT, R. J. Construtivismo ou construcionismo? Contribuições deste debate para a Psicologia Social. **Estududo de Psicologia**, Natal, v. 9, n. 1, jan./abr. 2003. Disponível em: <http://www.scielo.br/scielo.php?script=sci_arttext&pid=S1413-294X2003000-100002&lng=en&nrm=iso>. Acesso em: 26 mar. 2010.

O custo de alfabetização derivado do construtivismo

Parte dois
Capítulo 8

O **construtivismo** – conjunto de pressupostos e práticas de alfabetização baseados na Psicogênese – chegou ao Brasil no final dos anos de 1980, pelas vias da psicopedagogia, logo vindo a ser cogitado como a alternativa mais viável para a superação dos elevados índices de custo de alfabetização nos sistemas públicos de ensino. Naquela década, a comunidade acadêmico-científica de todo o país abraçou com muita simpatia aquela teoria de construção da escrita, que tinha em sua estrutura a figura teórica de um alfabetizando com fisionomia social, respeitado em sua cultura e em suas vocações intelectuais. Falamos de um tempo de organização de movimentos sociais, de resgate das instituições democráticas, de uma escola cidadã que buscava romper com suas tradições positivistas e encarar de forma consciente seu papel na integração social dos alunos das escolas públicas.

O construtivismo ajudou-nos a compreender que a maioria dos comportamentos apresentados por alunos ditos "problemáticos" não era resultado de outra coisa além de traços culturais que a escola, até então, não desejava, ou não conseguia, ver. Ajudou-nos, também, a reconhecer que os sujeitos trazem de suas culturas pessoais experiências de mundo as mais diversas, as quais podem tornar-lhes a escrita um conceito ora mais, ora menos assimilável, destruindo a crença oriunda do comportamentalismo, no século XIX, de que todas as pessoas devessem se alfabetizar no mesmo tempo e no mesmo ritmo. E desde as práticas de descoberta da escrita por meio de experiências de ensaio e erro, no âmbito de um presumível processo de acomodação, surgiu a possibilidade de se trazer para as práticas de escrita a noção de *erro produtivo*, que já fora consagrada décadas antes pelo movimento da Escola Nova. Todas estas foram grandes contribuições da Psicogênese ao campo do letramento.

Entretanto, a noção de erro produtivo acabou tornando-se, ao mesmo tempo, uma virtude e o maior problema do construtivismo. Presume-se de uma teoria sobre a mente, como é a Psicogênese, que esta apresente, se não explicação conveniente, uma definição coerente de cada evento que possa ocorrer no processo de construção de certo conhecimento. Na Psicogênese, particularmente, dada a sua estreita relação com a construção da escrita, a noção de erro produtivo deveria esclarecer, primeiramente, a natureza em si de cada tipo de fenômeno apresentado na produção escrita do aluno e, em seguida, os desdobramentos de cada fenômeno na cadeia do desenvolvimento. Contudo, sua definição resume-se, tão somente, à menção de se tratar de um fenômeno compatível com o processo de desenvolvimento, ou seja, uma etapa do processo e nada mais. Permite-se, assim, interpretá-lo como uma evidência transitória no processo de construção da escrita, cuja superação se dê por vias naturais, estritamente desenvolvimentistas, em face de estimulação adequada pelo professor mediador. Observemos, trata-se de uma noção advinda da teoria de Piaget, regida por princípios como verdade e normalidade, e não da teoria de Vygotsky, regida pela pluralidade de sentidos.

Esse cruzamento entre as teorias de Piaget e Vygotsky na Psicogênese levou o construtivismo a reproduzir os mesmos custos de alfabetização, entre os mesmos tipos de sujeitos sociais, predominantemente nas escolas públicas e nos movimentos de educação de jovens e adultos. Aparentemente, portanto, a teoria que se apresentara como alternativa para a educação das periferias sociais não foi capaz de propor uma explicação para as situações de produção de escrita entre os sujeitos escolares historicamente associados a estados de fracasso ou severo custo de alfabetização.

Os dois principais problemas de alfabetização constatados em práticas construtivistas são:

1. entre alunos que constroem a escrita alfabética, observa-se severa dificuldade de empregar as normas ortográficas ou de produzir textos cuja estruturação seja reconhecida como instrumento de comunicação na cultura escrita – a essas situações deu-se o rótulo de *analfabetismo funcional*, assim compreendido o estado de construção da escrita em que o sujeito reconhece o sistema básico de codificação e decodificação da escrita alfabética, porém não é capaz de empregá-lo em situações comunicativas (de leitura e escrita) de forma adequada;
2. entre os alunos que não chegam a construir a escrita alfabética – em sua maioria, oriundos dos segmentos sociais severamente atingidos por processos de exclusão social –, identifica-se a interrupção do processo de construção da escrita na etapa pré-silábica ou na etapa silábica; esse caso, normalmente, está associado à cópia: o aluno desenha a forma escrita de uma palavra ou texto que se encontra à sua frente, mas não é capaz de reconhecer nos desenhos nenhum grafema.

Os problemas apresentados nos itens 1 e 2 tendem a persistir no tempo e não se solucionam, a despeito do período durante o qual perdure o processo de alfabetização, permanecendo na forma de erros produtivos ao longo de todos os anos do ensino fundamental. No Brasil – assim como em outras regiões do mundo em que a cultura oral é prevalecente sobre a cultura escrita –, o número de sujeitos escolares cujos comportamentos em relação à escrita podem ser associados às características dos casos 1 e 2 é significativamente elevado, fato que nos afasta da hipótese de que se possa tratá-los como acidentes isolados ou, tampouco, como resultantes de distúrbios cognitivos. Na realidade, a frequência com que se verificam casos com tais características nos conduz, isto sim, à crença em que não se possa explicar a reação dos seres humanos à experiência de alfabetização por meio de alguma teoria mental de construção da escrita de caráter universal, isso porque os seres humanos não reagem homogeneamente à escrita.

A alfabetização é um processo mental extremamente singular, pois se trata de um fenômeno que envolve três dimensões dos processos cognitivos, todos interligados entre si. São eles:

1. o processamento das faculdades cognitivas e das operações de discriminação, categorização etc., tipicamente associadas àquilo que a teoria de Piaget aborda, neste caso envolvendo aspectos de caráter universal, ou seja, comuns a todos os seres humanos;
2. aspectos representacionais que tornam a escrita um objeto conceitual de natureza preponderantemente cultural, tornando-a similar ao tipo de objeto que é focalizado na teoria social da mente elaborada por Vygotsky, portanto, sem caráter universal, já que restrito àqueles que compartilham da mesma cultura em que a escrita é uma representação legítima;
3. entretanto, por não ser um objeto cultural construído naturalmente nas relações entre pessoas, mas, sim, por dinâmicas políticas impositivas, não apresenta nenhuma correlação lógico-formal com a fala (que pudesse sustentar operações formais à luz do conhecimento arrolado por Piaget), tampouco se submete às dinâmicas próprias das construções conceituais estudadas por

Vygotsky; tal fato, consequentemente, imprime à escrita um caráter tão arbitrário que a coloca fora do programa de qualquer teoria de mente já concebida.

Em razão disso tudo, a história do letramento buscou outros rumos, não mais em busca de uma teoria mental da escrita, mas de alguma teoria de mente que pudesse explicar as diferenças de condutas entre os vários tipos de sujeitos sociais em face da experiência de construção da escrita.

Discuta mais...

1. Qual a contribuição do construtivismo baseado na Psicogênese para a análise de comportamentos até então considerados como problemáticos pelo aluno em processo de alfabetização?

2. Por que a noção de *erro produtivo* se tornou virtude e o maior problema do construtivismo?

3. Quais os dois mais significativos problemas de alfabetização não superados pelo construtivismo?

4. Que propriedades da escrita tendem a dificultar imensamente uma teoria que tenha por finalidade explicar o processo de sua construção mental?

Estudo complementar

1. A fragilidade teórica da Psicogênese levou os alfabetizadores a se concentrarem mais nas práticas

de mediação à cultura escrita do que propriamente à escrita. Magda Soares apresenta-nos um estudo sobre esse processo de esvaziamento das práticas de produção de escrita na escola em seu texto *Letramento e alfabetização: as múltiplas facetas*, disponível no endereço eletrônico indicado a seguir.

SOARES, M. Letramento e alfabetização: as múltiplas facetas. **Revista Brasileira de Educação**, Rio de Janeiro, n. 25, jan./abr. 2004. Disponível em: <http://www.scielo.br/scielo.php?script=sci_arttext&pid=S1413-24782004000100002&lng=en&nrm=iso>. Acesso em: 26 mar. 2010.

2. Leia também no endereço indicado a seguir o estudo de Danilo Veríssimo e Antonio Andrade intitulado *Estudo das representações sociais de professores de 1ª a 4ª série do ensino fundamental sobre a motivação dos alunos e o papel do erro na aprendizagem*, que discute o entendimento do professorado sobre as bases teóricas do construtivismo.

VERÍSSIMO, D. S.; ANDRADE, A. dos S. Estudo das representações sociais de professores de 1ª a 4ª série do ensino fundamental sobre a motivação dos alunos e o papel do erro na aprendizagem. **Paidéia**, Ribeirão Preto, v. 11, n. 21, 2001. Disponível em: <http://www.scielo.br/scielo.php?script=sci_arttext&pid=S0103-863X2001000200009&lng=en&nrm=iso>. Acesso em: 26 mar. 2010.

Letramento, cultura e desenvolvimento

Parte dois
Capítulo 8

Embora ainda hoje seja considerada revolucionária, a teoria de Vygotsky não pode ser tomada fora do contexto histórico em que foi formulada, entre os anos de 1920 e 1930, quando a presença das tradições da cultura moderna ainda se fazia muito forte. Por esse motivo, mesmo que rompendo com a concepção de mente baseada em padrões cartesianos, a **teoria social da mente** preserva as noções clássicas de *conceitos naturais* e *conceitos científicos*, estes diretamente relacionados à experiência de formação escolar. A distinção entre os dois tipos de conceitos resgata o princípio da sociedade moderna segundo o qual se podem distinguir as pessoas entre civilizadas, quando capazes de operar conceitos científicos, e não civilizadas, quando capazes de operar apenas os conceitos naturais. É surpreendente encontrar-se esse tipo de concepção subjacente a uma teoria como a de Vygotsky, cuja motivação estivesse tão proximamente vinculada a um projeto socialista de integração social, especialmente voltado às populações agrícolas. Todavia, o reconhecimento dos conceitos naturais como instrumentos de ciência somente se deu a partir da segunda metade daquele mesmo século, devido ao surgimento das hipermídias e de outros instrumentos que permitiram à ciência operar sob outros tipos de bases não previstas pelos cartesianos.

Conceitos naturais ou científicos são produtos de processos mentais superiores, segundo Vygotsky, a partir de **relações intrapessoais**, assim considerados os juízos que, numa relação de desenvolvimento proximal, reelaboram os sentidos de uma relação interpessoal. O que se deseja pôr em evidência aqui é o fato de que a mera relação entre pessoas não é fator decisivo na formação de conceitos, pois estes se formam a partir de processos mentais superiores. Observa-se nisso o cuidado para afastar da teoria o princípio behaviorista de que o conhecimento é determinado por fatores externos à mente, cuja propriedade operacional se resume à capacidade de cópia. Traduz-se, também, com isso, a verdadeira motivação para a caracterização de uma teoria social da mente, já que todo processo mental superior – gerador de juízos conceituais – tem origem essencialmente social, sem, no entanto, subordinar-se à experiência social.

Esse aspecto da teoria de Vygotsky concede à escrita um papel central no desenvolvimento intelectual do indivíduo, considerando-se que, tradicionalmente, no mundo moderno, compreende-se a escrita como a ferramenta por excelência do pensamento científico. Adquiri-la, portanto, não seria apenas como adquirir mais um conteúdo escolar, mas, sim, como provocar uma relação intrapessoal com os sentidos de mundo expressos na cultura escrita, ou seja, a cultura civilizada pela ciência. Temos, com isso, um passo importante para a justificativa da dissociação entre alfabetização e letramento. Se, de um lado, a **alfabetização** focaliza centralmente a construção e o emprego da língua escrita, o **letramento**, de outro, vai bem além disso, buscando promover, por meio de práticas de escrita, uma relação intrapessoal com todo um domínio cultural a ser representado como conceito para o indivíduo. Trata-se, por conseguinte, de uma perspectiva verdadeiramente desenvolvimentista, ao mesmo tempo **intelectual**, já que incide sobre a formulação de conceitos científicos por meio de faculdades mentais superiores, e **social**, à medida que promove a integração do indivíduo ao modelo de sociedade que, à época de Vygotsky, presumia-se ser ideal. Temos, então, no letramento, um **programa de educação**, que, no Brasil, tem sido reconhecido no campo dos **estudos culturais**, cujas principais referências são Vygotsky e seu contemporâneo Mikhail Bakhtin, também russo.

Não obstante essa concepção de letramento como programa de educação, não podemos perder de vista o fato de que uma de suas metas é, sem sombra de dúvidas, a promoção do acesso ao sistema alfabético. Assim, voltamos à questão anteriormente posta: é possível entrar em relação intrapessoal com a cultura escrita, seus valores e saberes, porém não com a língua escrita, já que esta não é um conceito aberto a ressignificações?

A despeito de não apresentar solução ou explicação para o caso de minorias sociais que não se alfabetizam ou resistem em estados de analfabetismo funcional, as práticas de letramento orientadas segundo princípios dos estudos culturais têm apresentado elementos os mais significativos para a discussão teórica acerca da alfabetização. Dá-se que crianças e jovens – alfabetizados, analfabetos ou analfabetos funcionais, não importa – são plenamente capazes de se apropriarem das mídias contemporâneas que lhes permitem produzir diferentes formas de escrita de mundo, independentemente do sistema alfabético. Entre *blogs* e *tweeters*, fotografias e filmes digitais, jogos de RPG e tantas outras formas de expressão, as mídias hipertextuais provocaram uma nova relação intrapessoal com a cultura escrita e, com isso, reinventaram as práticas de escrita, que fazem sentido na rede de relações da infância e da juventude contemporâneas. Oriundos da cultura dominante ou das mais variadas periferias, urbanas e não urbanas, crianças e jovens não encontram custo algum para se integrarem a essa cultura que podemos denominar *hipertextual* e se apropriarem de suas formas de escrita, a ponto de identificarmos inúmeros casos de crianças analfabetas com relação à língua escrita e plenamente capazes de utilizar seus telefones celulares (sim, elas têm telefones celulares!), enviar e receber torpedos ou fotos digitais e utilizar computadores para jogar, com mais destreza do que muitos adultos alfabetizados à sua volta.

Possivelmente as propostas de Vygotsky quanto à construção da escrita como uma prática cultural, como o desenvolvimento de uma relação intrapessoal com a cultura escrita, fizessem pleno sentido à sua época, quando a língua escrita ocupava um lugar de centralidade na cultura escrita. Nos dias de hoje – e daqui para sempre –, a língua escrita tende a perder paulatinamente o lugar de centralidade na cultura escrita, à medida que a população jovem vá produzindo novas formas de escrita. Isso nos leva a uma nova faceta do letramento: além de um programa de educação que envolve o desenvolvimento de relações intrapessoais com a cultura escrita e o acesso à língua escrita, inclui, também, a descoberta das múltiplas formas de escrita hipertextuais que têm dado novas fisionomias à modernidade e o acesso a elas.

Discuta mais...

1. O que são conceitos naturais e científicos na teoria de Vygotsky?

2. O que são relações intrapessoais? Por que tais relações melhor traduzem a natureza social da mente na teoria de Piaget?

3. Em que medida as relações intrapessoais contribuíram para a dissociação das noções de *alfabetização* e *letramento*?

4. Por que o letramento é compreendido como um programa de educação, associado ao campo dos estudos culturais?

5. Em que medida os estudos culturais têm contribuído para a descrição de mudanças na cultura escrita e nas práticas de escrita pelas crianças e jovens contemporâneos?

6. Por que as mídias hipertextuais não podem deixar de ser associadas ao letramento?

7. Por que os estudos culturais ainda não são capazes de promover a superação dos custos de construção e uso da escrita entre certos sujeitos sociais?

Estudo complementar

1. A relação entre cultura, relações intrapessoais e desenvolvimento tem desencadeado muitas discussões sobre a prática de ensino, entre as quais vale a pena ler a apresentada por José Carlos Libâneo no texto intitulado *A didática e a aprendizagem do pensar e do aprender: a teoria histórico-cultural da atividade e a contribuição de Vasili Davydov*, disponível no endereço eletrônico indicado a seguir.

LIBÂNEO, J. C. A didática e a aprendizagem do pensar e do aprender: a teoria histórico-cultural da atividade e a contribuição de Vasili Davydov. **Revista Brasileira de Educação**, Rio de Janeiro, n. 27, set./out./nov./dez. 2004. Disponível em: <http://www.scielo.br/scielo.php?script=sci_arttext&pid=S1413-24782004000300002&lng=en&nrm=iso>. Acesso em: 26 mar. 2010.

2. Leia um pouco mais também sobre o papel da atividade verbal no desenvolvimento intelectual no texto *Linguagem e atividade no desenvolvimento cognitivo: algumas reflexões sobre as contribuições de Vygotsky e Leontiev*, de Carolina Lampreia, disponível no endereço eletrônico indicado a seguir.

LAMPREIA, C. Linguagem e atividade no desenvolvimento cognitivo: algumas reflexões sobre as contribuições de Vygotsky e Leontiev. **Psicologia: Reflexão e Crítica**, Porto Alegre, v. 12, n. 1, 1999. Disponível em: <http://www.scielo.br/scielo.php?script=sci_arttext&pid=S0102-79721999000100015&lng=en&nrm=iso>. Acesso em: 26 mar. 2010.

3. Sobre as mudanças na cultura escrita a partir das novas mídias, leia *(Hiper)textos ciberespaciais: mutações do/no ler-escrever*, de Sergio R. Costa, disponível no endereço eletrônico indicado a seguir.

COSTA, S. R. (Hiper)textos ciberespaciais: mutações do/no ler-escrever. **Cadernos Cedes**, Campinas, v. 25, n. 65, jan./abr. 2005. Disponível em: <http://www.scielo.br/scielo.php?script=sci_arttext&pid=S0101-32622005000100008&lng=en&nrm=iso>. Acesso em: 26 mar. 2010.

Os tipos de pensamento: narrativo e científico

A concepção de conceitos naturais e científicos como parte de um teoria do desenvolvimento cognitivo foi retomada em estudos realizados pelo psicólogo norte-americano

Jerome Bruner, porém sob outra perspectiva. Bruner é dos poucos estudiosos da cognição humana que apontam para a existência de diferentes modos de operação mental, que se podem definir como *estilos cognitivos*. Imaginemos, então, a existência de um núcleo potencial comum, a que se chama *mente*, cujas funções – possivelmente universais – possam ser operadas de diferentes formas.

Os modos de pensamento, segundo Bruner, podem ser divididos em três espécies:

1. um modo de pensamento baseado na **interação com o mundo**, dependente, portanto, de um contexto de mundo real em que se possa vivenciar concretamente o fato a ser representado mentalmente;
2. um modo de pensamento baseado em **representações icônicas**, sustentadas em imagens que evocam o fato a ser representado;
3. um último modo de pensamento baseado inteiramente em **representações simbólicas**, sustentadas pelas trocas verbais.

Assim, por exemplo, temos um manual de instalação de certo aparelho dividido em três módulos:

1. Um módulo de vídeo mostra uma pessoa enquanto instala, passo a passo, um aparelho idêntico àquele que foi comprado – essa situação ilustra um caso de usuário que optou por um modo de pensamento baseado em um contexto real de mundo.
2. O segundo módulo é uma cartela com uma sequência de imagens altamente especializadas que destacam, passo a passo, as ações a que se deve proceder para instalar o aparelho – esse caso ilustra a opção do usuário por um modo de pensamento icônico.

3. O terceiro módulo é uma sequência de itens escritos que explicam verbalmente cada um dos passos a seguir na instalação – este é o caso daqueles usuários que optam pelo modo simbólico de pensamento.

No corpo de sua teoria, não existiria variação de qualidade entre as representações mentais resultantes de cada um dos modos de pensamento, porém variariam conforme o nível de autonomia. Sujeitos cujas mentes operam preponderantemente com base no modo de pensamento fundamentado em experiências reais de mundo estarão inclinados a uma experiência cognitiva bem mais dependente de contextos presenciais e concretos do que outros, que operam adequadamente com modos de pensamento mais livres de contextos de mundo, como no caso do modo simbólico.

Podemos tirar daí uma pista para a explicação que buscamos para o caso de sujeitos com severo custo de construção da escrita. Numa situação de fala, sujeitos que operam preponderantemente sobre o modo de pensamento contextual estão plenamente atendidos, já que, na fala, a situação comunicativa é plenamente constituída e vivida de forma concreta. Numa situação de escrita, tais sujeitos já encontram uma barreira, pois a situação comunicativa não é um contexto vivido, mas desejado, uma comunicação que se espera venha a ocorrer no futuro, quando o leitor, um interlocutor ausente no ato da escritura, venha a ler o texto. A situação comunicativa – o contexto de mundo, por conseguinte, no qual a mensagem e o código escrito são investidos de sentido – não é uma representação clara para tais pessoas. Por isso, um número tão grande de alfabetizandos interrompe o processo de construção da escrita na chamada *etapa pré-silábica* da Psicogênese, já que o grafismo é uma representação icônica de um modo de pensamento que lhe é familiar, ao passo que a escrita não.

Uma outra questão a se colocar é que, quanto **maior** a dependência contextual do modo de pensamento, tanto **menor** a necessidade de se registrarem verbalmente quaisquer marcas de relações temporais ou lógico-causais entre os objetos representados, pois que a sua "encenação" já as torna evidentes. Na fala corrente de pessoas de pensamento preferencialmente contextual, tais relações quase sempre não ficam claras, porém tornam-se claras à medida que ou o interlocutor interrompe e pergunta por elas, ou simplesmente não são necessárias, uma vez que a fala evoca uma representação contextual compartilhada com o interlocutor. Na escrita, por outro lado, como a situação comunicativa é um fato simbólico e, normalmente, o interlocutor não compartilha da mesma representação de mundo que está sendo expressa, a ausência de marcas de relações temporais ou lógico-causais (chamadas *marcas coesivas*) prejudica imensamente a legibilidade do texto. Daí resulta o estado de analfabetismo funcional.

Como estamos observando, a noção de *modos de pensamento* contribui de forma substantiva para explicar estados de custo de alfabetização. Quanto mais dependente de contexto forem os modos de pensar empregados por um indivíduo, maior a tendência a custo de alfabetização, e vice-versa: quanto menos dependente de contexto forem os modos de pensar empregados por um indivíduo, menor a tendência a custo de alfabetização. Como a questão que nos interessa no campo do letramento é o fator contextual interferente sobre a representação, discriminamos apenas dois modos de pensamento com impacto relevante sobre a construção e o emprego do sistema da escrita:

1. o **modo narrativo de pensamento**, caracterizado pela dependência contextual;

2. o **modo científico de pensamento**, influenciado pela cultura cartesiana e caracterizado pela ausência de dependência contextual e pela sustentação em representações simbólicas.

A opção por um ou outro modos de pensamento pode variar a partir de inúmeros fatores, desde a familiaridade com aquilo a ser representado até o estilo pessoal de cada um. Porém, existe um fator de ordem cultural que interfere de maneira muito objetiva sobre os modos de pensamento. Em culturas orais, ou em culturas em que a oralidade prevalece sobre a cultura escrita, o modo narrativo do pensamento tende a ser mais privilegiado do que o científico. Já em sociedades fortemente influenciadas pela cultura escrita e pelo modelo de conduta social determinado por parâmetros cartesianos, o modo científico do pensamento tende a prevalecer. Esse fato nos explicaria, então, por que os sujeitos sociais que apresentam custo de alfabetização e traços cognitivos do modo de pensamento narrativo são, via de regra, oriundos das periferias culturais.

> Discuta mais...
>
> 1. Quais os três modos de pensamento segundo Bruner?
> 2. Por que alguns modos do pensamento são dependentes de contexto?
> 3. Por que fala e escrita se diferenciam quando confrontadas à noção de contexto?
> 4. O que se entende por *modo narrativo de pensamento* e por *modo científico de pensamento*?

5. Qual a relação que se pode estabelecer entre modos de pensamento e cultura?

Estudo complementar

1. Os modos de pensamento também interferem sobre os processos de leitura. Leia um pouco sobre isso no texto *O perfil do leitor contemporâneo*, de Luiz Senna, disponível no endereço eletrônico indicado a seguir.

SENNA, L. A. G. O perfil do leitor contemporâneo. In: SEMINÁRIO INTERNACIONAL DE EDUCAÇÃO, 1, set. 2001, Cianorte. **Anais...** Cianorte: Univeridade Estadual de Maringá, 2001. p. 2286-2289. Disponível em: <http://www.senna.pro.br/biblioteca/perfilleitor_new.pdf>. Acesso em: 26 mar. 2010.

Modos de pensamento e desenvolvimento humano

A relação entre os modos de pensamento e a cultura remete-nos a uma questão que só começou a ganhar vulto no início deste século: o desenvolvimento cognitivo é passível de sofrer interferências de fatores externos ao sujeito, contrariando o que se pressupunha, anteriormente, nas concepções desenvolvimentistas de orientação inatista ou inato-interacionista (como Piaget). Não se trata, com isso, de supormos equivocadamente que a mente não constitua um traço comum à espécie humana, por desenvolver-se de variadas formas conforme a experiência cultural de cada indivíduo. Mente e modo de pensamento são fenômenos distintos: por *mente* compreende-se o conjunto de faculdades simbólicas (representacionais e operacionais) que permitem ao homem construir conhecimentos; por *modo de pensamento* compreende-se a maneira pela qual o sujeito opera a sua mente. São as maneiras de operar a mente que sofrem influência da experiência cultural, pois refletem as diferentes formas como as sociedades interpretam o mundo.

Os modos de pensamento abriram caminho também para que se viessem a questionar os chamados *testes de inteligência*, aplicados desde o início do século passado para aferir o grau de competência intelectual dos indivíduos. Tais testes não levavam em conta que as atividades propostas aos sujeitos em teste eram, por si mesmas, experiências intelectuais associadas a certo modo de compreensão de mundo orientado pela tradição lógico-cartesiana. Por esse motivo, pessoas oriundas de meios sociais marcados por uma maior influência da cultura lógico-cartesiana apresentam um desempenho médio em testes de Q.I. muito maior do que aquelas cujas culturas não sofrem influência significativa da tradição lógico-cartesiana, ainda que isso não signifique necessariamente que, num caso ou no outro, haja diferenças de potencial cognitivo. O estudo crítico dos testes de Q.I. resultou também na constatação de que os modos de pensamento estariam diretamente relacionados a uma imensa variedade de **modos de experienciação de mundo**, fato que repercute diretamente sobre a concepção de desenvolvimento e sobre o limite daquilo que se compreende por *cognição*.

Excetuando-se a versão clássica de inatismo, todas as teorias de mente postuladas desde o século XIX até hoje sempre associaram o seu desenvolvimento à **experiência**. Nas teorias de base inatista (como as de Piaget e Chomsky), a experiência não é concebida como um fenômeno de natureza sociocultural, de modo que as variações nas maneiras como os indivíduos interagem com a experiência não são levadas em consideração. Naturalmente, isso só é concebível se também não forem levadas em consideração as diferenças entre os próprios indivíduos, fato que se sustenta não em alguma forma de perversidade social com relação ao outro, mas, sim, na tradição da modernidade, que traz na figura social do sujeito cartesiano o padrão de comportamento social esperado das pessoas "normais". Mesmo em Vygotsky, no corpo de sua teoria social de mente, os chamados *conceitos científicos* – como vimos aqui, anteriormente – sugerem uma prevalência da figura do sujeito cartesiano sobre a do homem comum. Em face da prevalência de um único tipo de padrão social na figura do sujeito cognoscente, as teorias sobre a mente humana também não precisaram levar em conta o efeito que a experiência provoca sobre o desenvolvimento humano, pois que a concepção de desenvolvimento estaria, inevitavelmente, associada a um só tipo de sujeito cognoscente, em torno do qual estaria baseada a noção de normalidade.

Ao longo do século XX, contudo, inúmeros fatos concorreram para que a figura social do sujeito cartesiano – e, com ele, a noção de normalidade de um sujeito cognoscente padrão – passasse por críticas as mais severas, sempre sob o argumento de que sua concepção fora responsável por toda sorte de injustiças sociais. À medida que os sujeitos não cartesianos foram paulatinamente ganhando espaço na sociedade e à medida que as novas mídias hipertextuais lhes permitiam acessar a cultura escrita com novas formas de escrita de mundo, a ciência cognitiva foi se abrindo para o estudo de novas formas de representação do conhecimento, dando, assim, aos modos de pensamento e às experiências de mundo o caráter plural que lhes é verdadeiramente peculiar.

Em consequência disso, a perda de força do sentido clássico de normalidade social abriu margem para que se viessem a investigar as propriedades sensório-motoras e sua representação psicomotora entre os sujeitos cuja experiência de mundo não fosse alinhada aos padrões de comportamento lógico-cartesiano. Trata-se de indagar qual seria a repercussão, para o desenvolvimento sensório-motor e psicomotor, de dois tipos de experiência de mundo distintas, a saber:

1. uma experiência, regida por **padrões sociais lógico-cartesianos**, em que as coisas tendem a estar em repouso, cada qual ocupando um lugar predeterminado segundo certo princípio de classificação, em que o passado (a memória) é mais privilegiado do que o presente e as pessoas se revezam na fala, cada qual a seu tempo;

2. outra experiência, regida por **padrões narrativos**, em que as coisas tendem a estar em movimento, ocupando o mesmo espaço simultaneamente e em situação transitória, em que o presente (a simultaneidade) prevalece sobre a memória e as pessoas falam ao mesmo tempo, revezando-se em uma cadeia discursiva em que todos são autores de uma única fala.

Existem tantas outras propriedades que caracterizam cada um dos dois tipos de experiência, porém as citadas aqui já nos bastam para assinalar que as condições de desenvolvimento em um caso e no outro são distintas. Fatores como **tempo de observação** ou **amplitude focal** interferem diretamente no tipo de representação mental, ou seja, no tipo de conceito com que a mente opera. O tempo de observação leva em conta o tempo gasto na percepção de um determinado objeto. Como na experiência lógico-cartesiana as coisas tendem ao repouso, o sujeito tem mais tempo para observá-las do que quando em uma experiência em padrões narrativos, nas quais os objetos tendem ao movimento e à simultaneidade. A amplitude focal leva em conta o detalhamento da representação formulada pela mente – quanto maior a amplitude focal, como na experiência narrativa, menos detalhes do objeto serão representados, pois, quando se alarga o foco de atenção, menos detalhamentos se percebem; por outro lado, quanto menor a amplitude focal, como na experiência lógico-cartesiana, mais detalhes se podem perceber em vários pontos do objeto que se observam individualmente.

Figura 8.6 – Representação mental baseada em experiência lógico-cartesiana

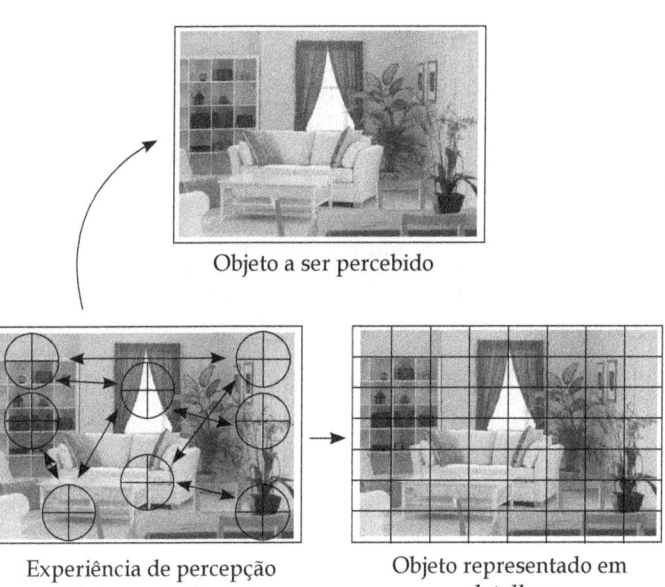

Objeto a ser percebido

Experiência de percepção lógico-cartesiana

Objeto representado em detalhes

Figura 8.7 – Representação mental baseada em experiência narrativa

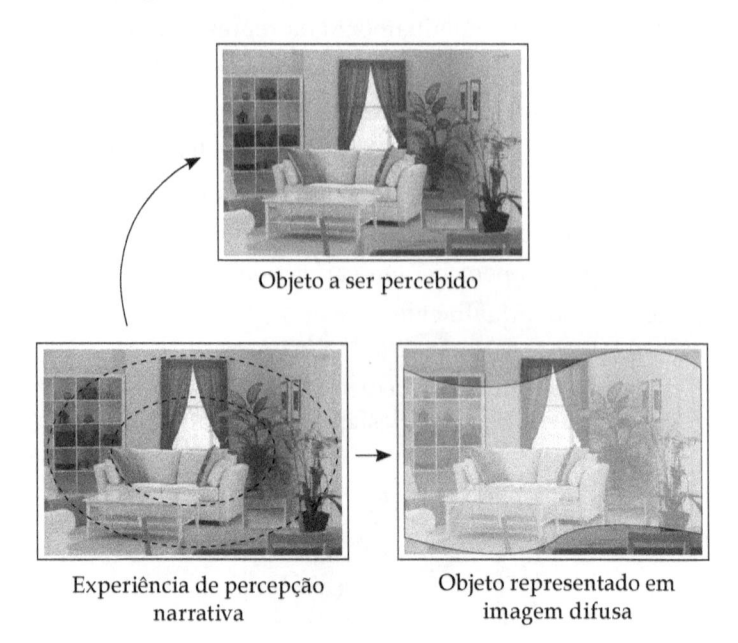

Objeto a ser percebido

Experiência de percepção narrativa

Objeto representado em imagem difusa

As Figuras 8.6 e 8.7 demonstram que dois indivíduos que representem um mesmo objeto com base em dois modos diferentes de experiência de percepção não terão custo algum para construírem conceitos que, de fato, representem um mesmo objeto. Contudo, um conceito difuso como o apresentado na Figura 8.7, cujas propriedades não são claramente definidas, obriga o sujeito cognoscente a operar com base no modo narrativo de pensamento, pois, evocando o contexto material de onde o conceito foi percebido, evocam-se também as propriedades do conceito. Já um conceito cujas propriedades são detalhadas, como se apresenta na Figura 8.6, pode ser operado pelo modo científico de pensamento, o que, em princípio, proporciona ao sujeito cognoscente a possibilidade de ajuizar o conceito de forma abstrata (sem o suporte material do contexto de mundo).

Paralelamente à questão da experiência perceptual, não se pode perder de vista o fato de que esta mantém plena dependência com relação ao corpo, que é o suporte biológico dos sentidos humanos. Modos distintos de experiência perceptual implicam, necessariamente, modos distintos de aplicar o corpo na relação psicomotora com o meio. Experiências perceptuais narrativas demandam um corpo em ação, cuja motricidade conduza o sujeito cognoscente no interior da experiência de mundo vivida em tempo real, com estímulos diversos simultâneos e em alta velocidade. Por outro lado, experiências perceptuais lógico-cartesianas demandam um corpo em repouso, que permita ao sujeito cognoscente depositar atenção focal em um único objeto de cada vez, em baixa velocidade, para, como se diz na cultura escolar, "bem refletir".

O desenvolvimento intelectual de um indivíduo envolve, então, os seguintes aspectos:
- o potencial cognitivo que se constitui das faculdades que caracterizam a mente do ser humano em uma perspectiva universal;
- a estrutura psicomotora pela qual o corpo se organiza para experienciar o mundo culturalmente determinado, aqui descrita como variável conforme experiências narrativas ou lógico-cartesianas de interação com o meio;
- os modos de organização e emprego das faculdades mentais, aqui chamados *modos de pensamento narrativo e científico*;
- os conceitos representacionais e socioafetivos que se tornam objeto do pensamento e dos sistemas de expressão.

Todos esses fatores estão inter-relacionados no processo de construção da escrita e explicam a maioria dos custos de que vimos tratando neste capítulo, ou mesmo, casos como a representação macrofonêmica, abordada no capítulo anterior, todos relacionados à experiência perceptual narrativa e ao modo narrativo do pensamento. A escrita alfabética é um sistema de expressão altamente associado à cultura da Idade Moderna, baseado em padrões lógico-cartesianos, exigindo, portanto, de seus usuários um corpo, uma experiência perceptual e um modo de pensamento igualmente lógico-cartesianos.

Por esse motivo, o campo do letramento não pode restringir-se apenas ao domínio do código escrito e às relações intrapessoais com a cultura escrita. Em face de alunos cujo corpo, experiência de percepção e modos de pensamento guardem propriedades estritamente narrativas, a experiência com a escrita tende ao fracasso, não devido à incompetência ou a algum distúrbio de aprendizagem que eles carreguem, e sim por tentarem apreender a escrita da forma como vivenciam o mundo. Aspectos motores, psicomotores e pragmático-cognitivos (como no caso dos modos de pensamento) também fazem parte do processo de letramento. Com base nisso e em tudo mais de que tratamos aqui, podemos partir para a definição de letramento, ao mesmo tempo que concluímos o capítulo.

> Discuta mais...
>
> 1. Qual a diferença entre mente e modo de pensamento?
> 2. Como os modos de pensamento contribuíram para a crítica ao emprego de testes de Q.I.?

3. Quais os dois fatos sociais que alavancaram o estudo sobre os modos de pensamento?

4. Quais os dois tipos de experiência perceptual de mundo? Como ambos se diferenciam?

5. Qual a relação entre os modos de experiência de mundo, o desenvolvimento motor e o desenvolvimento psicomotor?

6. Quais os quatro tipos de fatores associados ao desenvolvimento humano?

7. Como tais fatores interferem na representação dos sistemas gramaticais, como a fala e a escrita?

Estudo complementar

1. Para aprofundar um pouco mais seu conhecimento sobre a teoria de Bruner relativa aos modos de pensamento, leia o texto de Mônica Correia chamado *A constituição social da mente: (re)descobrindo Jerome Bruner e construção de significados*, disponível no endereço eletrônico indicado a seguir.

CORREIA, M. F. B. A constituição social da mente: (re)descobrindo Jerome Bruner e construção de significados. **Estudo de Psicologia**, Natal, v. 8, n. 13, set./dez. 2003. Disponível em: <http://www.scielo.br/scielo.php?script=sci_arttext&pid=S1413-294X2003000300018&lng=en&nrm=iso>. Acesso em: 26 mar. 2010.

2. Sistematize um pouco mais as várias concepções sobre a cognição humana lendo o texto *Paradigmas do desenvolvimento cognitivo: uma breve retrospectiva*, de Suely Santana, Antonio Roazzi e Maria das Graças Dias, disponível no endereço eletrônico indicado a seguir.

SANTANA, S. de M.; ROAZZI, A.; DIAS, M. G. B. B. Paradigmas do desenvolvimento cognitivo: uma breve retrospectiva. **Estudo de Psicologia**, Natal, v. 11, n. 1, jan./abr. 2006. Disponível em: <http://www.scielo.br/scielo.php?script=sci_arttext&pid=S1413-294X2006000100009&lng=en&nrm=iso>. Acesso em: 26 mar. 2010.

3. Sobre a relação entre o desenvolvimento humano e o letramento, leia o texto *Por um construtivismo à brasileira: questões complementares sobre o sujeito da psicogênese*, de Luiz Senna e Luiza Portes, publicado em *Letramento: princípios e processos*.

SENNA, L. A. G.; PORTES, L. Por um construtivismo à brasileira: questões complementares sobre o sujeito da psicogênese. In: SENNA, L. A. G. (Org.). **Letramento**: princípios e processos. Curitiba: Ibpex, 2007. p. 195-216.

A definição de letramento e o programa da psicolinguística

Reunindo todas as questões abordadas ao longo deste capítulo, podemos concluir que o **letramento** não se resume a algum tipo de prática de alfabetização, tampouco a esta ou àquela doutrinas teóricas sobre a representação mental da escrita alfabética. Na realidade, letramento é um programa de educação em sintonia com as concepções contemporâneas de representação do conhecimento e de práticas de escrita, orientado para o desenvolvimento humano e à inclusão social. Por *letramento* propriamente dito compreende-se o processo que leva à capacidade de empregar conscientemente os modos narrativo e científico de pensamento, bem como os sistemas de escrita adequados a cada situação de vida social, incluindo-se, entre eles, a escrita alfabética em papel, a escrita alfabética em ambiente virtual e tantos outros sistemas, verbais e não verbais, empregados no mundo cotidiano.

O letramento é, antes de tudo, um marco teórico no campo da educação, por promover, na questão relativa aos processos de ensino-aprendizagem, a substituição da clássica relação *estrutura da mente* × *instrução* × *objeto de aprendizagem* por uma relação do tipo *diversidade cultural* × *modos de pensamento* × *representação conceitual*. Nessa relação, a instrução não é um elemento central; em seu lugar, figura o desenvolvimento, numa perspectiva em que os padrões de normalidade não se buscam na figura cognitiva do sujeito cartesiano, mas, sim, na diversidade humana.

Essa concepção de letramento atende satisfatoriamente à demanda de explicação para casos recorrentes de custo ou fracasso no processo de construção da escrita. Em todos eles, verificou-se que os fatores envolvidos relacionam-se a aspectos do desenvolvimento intelectual, e não a fatores ligados ao sistema da escrita propriamente dito. Observou-se também que, nas teorias sobre a construção da escrita pela mente, a figura simbólica do sujeito cartesiano assume o lugar de padrão cognoscente, motivo pelo qual as práticas de alfabetização orientadas por elas tendem a provocar situações de custo ou fracasso entre indivíduos cuja formação sociocultural se afaste dos padrões cartesianos.

Para a psicolinguística aplicada à psicopedagogia, o campo do letramento sugere um alargamento de seu programa de estudos para além dos limites específicos dos sistemas gramaticais e sua representação mental. Nesse sentido, considere-se, sobretudo, o estudo dos modos de pensamento e do impacto do desenvolvimento motor e psicomotor sobre as representações mentais, por tratar-se de fatores que afetam diretamente, de um lado, as representações de categorias e sistemas sintáticos da fala e, de outro, todo o processo de construção da escrita. Não é possível incluir sob um mesmo programa a fala e a escrita, sem se considerar o fato de constituírem dois sistemas representacionais distintos, operados segundo modos de pensamento diferentes.

> Discuta mais...
>
> Para finalizar, elabore um resumo deste capítulo em que se apresente:
> a) cada um dos aspectos que vieram sendo associados, primeiramente, à noção de alfabetização e, em seguida, à de letramento;
> b) cada um dos pontos que devem se tornar objeto de um programa de psicolinguística voltado ao estudo do letramento.

Estudo complementar

Parte dois
Capítulo 8

Antes de concluir seu estudo sobre o conceito de letramento, leia os textos de Luiz Senna intitulados: *Erro produtivo e segregação cultural: a descrição de estados de desenvolvimento proximal na alfabetização*, publicado na obra Letramento: princípios e processos, e *O planejamento no ensino básico e o compromisso social da educação com o letramento*, disponível para consulta no endereço eletrônico indicado a seguir.

SENNA, L. A. G. Erro produtivo e segregação cultural: a descrição de estados de desenvolvimento proximal na alfabetização. In: SENNA, L. A. G. (Org.). **Letramento**: princípios e processos. Curitiba: Ibpex, 2007. p. 217-242.

_____. O planejamento no ensino básico e o compromisso social da educação com o letramento. **Educação & Linguagem**, São José dos Campos, n. 7, p. 200-216, 2003. Disponível em: <http://www.senna.pro.br/biblioteca/plan_letramento.pdf>. Acesso em: 29 mar. 2010.

Referências – Parte um

AIMARD, P. **A linguagem da criança**. Porto Alegre: Artes Médicas, 1986.

AITCHISON, J. **O mamífero articulado**: uma introdução à psicolinguística. Lisboa: Instituto Piaget, 1998.

ANULA REBOLLO, A. **El abecé de la psicolinguística**. Madrid: Arco Libros, 2002.

APPEL, R.; MUYSKEN, P. **Bilinguismo y contacto de lenguas**. Barcelona: Ariel, 1996.

BELINCHÓN, M.; RIVIÈRE, A.; IGOA, J. M. **Psicología del lenguaje**: investigación y teoría. Madrid: Trotta, 1992.

BERKO GLEASON, J. **The Development of Language**. Columbus: Merrill, 1989.

BLAKEMORE, C. **Os mecanismos da mente**. Lisboa: Presença, 1986.

BLAKEMORE, D. **Understanding Utterances**: An Introduction to Pragmatics. Oxford: Blackwell, 1992.

CARRIÓN, J. L. **Manual de neuropsicología humana**. Madrid: Siglo XXI de España, 1995.

CARROLL, D. W. **Psychology of Language**. Pacific Grove, CA: Brooks; Cole, 1986.

CHAPMAN, R. S. **Processos e distúrbios na aquisição da linguagem**. Porto Alegre: Artes Médicas, 1996.

CHOMSKY, N. **Aspects of the Theory of Syntax**. Cambridge: MIT Press, 1965.

DASCAL, M. **Interpretação e compreensão**. São Leopoldo: Ed. da Unisinos, 2006.

DEESE, J. **Psicolinguística**. Petrópolis: Vozes, 1976.

ELLIOT, A. J. **A linguagem da criança**. Rio de Janeiro: J. Zahar, 1981.

FERNÁNDEZ LAGUNILLA, M.; ANULA REBOLLO, A. **Sintaxis y cognición**: introducción al conocimiento, el procesamiento y los déficits sintácticos. Madrid: Síntesis, 1995.

FETZER, J. H. **Filosofia e ciência cognitiva**. Bauru: Edusc, 2000

FRY, D. **Homo loquens**: o homem como animal falante. Rio de Janeiro: J. Zahar, 1977.

GARMAN, M. **Psicolinguística**. Madrid: Visor, 1995.

GREENSPAN, S. I.; BENDERLY, B. L. **A evolução da mente**: as origens da inteligência e as novas ameaças a seu desenvolvimento. Rio de Janeiro: Record, 1999.

GRICE, P. Logic and conversation. In: COLE, P.; MORGAN, J. (Ed.). **Syntax and Semantics**. New York: Academic Press, 1975. v. 3: Speech Acts.

HAGÈGE, C. **A criança de duas línguas**. Lisboa: Instituto Piaget, 1996.

HUMPHREY, N. **Uma história da mente**: a evolução e a gênese da consciência. Rio de Janeiro: Campus Elsevier, 1994.

ISRAËL, L. **Cérebro direito, cérebro esquerdo**: culturas e civilizações. Lisboa: Instituto Piaget, 1995.

JACOBS, J. et al. (Ed.). **Syntax**: an International Handbook of Contemporary Research. Berlin: de Gruyer, 1993.

JAKUBOVICZ, R. **Atraso de linguagem**. Rio de Janeiro: Revinter, 2002.

KASHER, A. (Ed.). **The Chomskyan Turn**. Cambridge: MIT Press, 1991.

KECSKES, I.; HORN. L. R. (Ed.). **Explorations in Pragmatics**: Linguistic, Cognitive and Intercultural Aspects. Berlin; New York: Mouton de Gruyter, 2007. (Mouton Series in Pragmatics).

LENNEBERG, E. H. **Biological Foundations of Language**. New York: Wiley, 1967.

LEVELT, W. J. M. **Speaking**: from Intention to Articulation. Cambridge: MIT Press, 1986.

LÓPEZ GARCÍA, A. **Psicolinguística**. Madrid: Síntesis, 1991.

LURIA, A. R. **Pensamento e linguagem**: as últimas conferências de Luria. Porto Alegre: Artes Médicas, 1987.

MORTON, J. Word recognition. In: MORTON, J.; MARSHALL, J. C. (Ed.). **Psycholinguistics**. London: Elek, 1979. v. 2: Structures and Processes.

NAVARRO, J.; KARLINS, M. **What Every Body is Saying**: An Ex-FBI Agent's Guide to Speed-Reading People. New York: Harper-Collins, 2008.

NOVECK, I. A.; SPERBER, D. **Experimental Pragmatics**. London: Palgrave Macmillan, 2004. (Palgrave Studies in Pragmatics, Languages and Cognition).

PIAGET, J. **La formation du symbole chez l'enfant**. Paris: Neuchatel, 1946.

_____. **La naissance de l'intelligence chez l'enfant**. Paris: Neuchatel, 1952.

_____. **Le langage et la pensée chez l'enfant**. Paris: Neuchatel, 1948.

PINKER, S. **O instinto da linguagem**: como a mente cria a linguagem. São Paulo: M. Fontes, 2004.

POPPER, K. R.; ECCLES, J. C. **O eu e seu cérebro**. Campinas: Papirus, 1991.

SEARLE, J. **Mente, cérebro e ciência**. Lisboa: Edições 70, 1984.

SILVEIRA, J. R. C. da; FELTES, H. P. de M. **Pragmática e cognição**: a textualidade pela relevância. Porto Alegre: EDIPUCRS, 1997.

SKINNER, B. F. **O comportamento verbal**. São Paulo: Cultrix; Edusp, 1978.

SPERBER, D.; WILSON, D. **Relevance**: Communication and Cognition. Oxford: Blackwell, 1986.

TEIXEIRA, J. de F. **Mente, cérebro e cognição**. Petrópolis: Vozes, 2000.

TERWILLIGER, R. F. **Psicologia da linguagem**. São Paulo: Cultrix; Edusp, 1968.

THOMAS, J. **Meaning in Interaction**: An Introduction to Pragmatics. Edinburgh: Longman, 1995. (Learning About Language).

TURNER, J. **Desenvolvimento cognitivo**. Rio de Janeiro: J. Zahar, 1976.

VEGA, de, M.; CUETOS, F. (Coord.) **Psicolinguística del español**. Madrid: Trotta, 1999

VYGOTSKY, L. S. **Pensamento e linguagem**. Lisboa: Antídoto, 1979.

WERNER, D. **O pensamento de animais e intelectuais**: evolução e epistemologia. Florianópolis: Ed. da UFSC, 1997.

ZALÉVSKAIA, A. A. **Vvedénie v psiholinguístiku**. [Introdução à psicolinguística]. Moskvá: Rossiskii Gosudárstvennyi Gumanitárnyi Universitet, 2000.

Referências – Parte dois

ALBANO, E. C. O português brasileiro e as controvérsias da fonética atual: pelo aperfeiçoamento da fonologia articulatória. **Delta**, São Paulo,v. 15, n. especial, 1999. Disponível em: <http://www.scielo.br/scielo.php?script=sci_arttext&pid=S0102-44501999000300002&lng=en&nrm=iso>. Acesso em: 22 mar. 2010.

ARENDT, R. J. Construtivismo ou construcionismo? Contribuições deste debate para a Psicologia Social. **Estudos de Psicologia**, Natal, v. 9, n. 1, jan./abr. 2003. Disponível em: <http://www.scielo.br/scielo.php?script=sci_arttext&pid=S1413-294X2003000100002&lng=en&nrm=iso>. Acesso em: 26 mar. 2010.

BAKHTIN, M. **Estética da criação verbal**. São Paulo: M. Fontes, 2003.

____. **Marxismo e filosofia da linguagem**. São Paulo: Hucitec, 1981.

BERTICELLI, I. A. **A origem normativa da prática educacional na linguagem**. Ijuí: Unijuí, 2004.

BISOL, L. Mattoso Câmara Jr. e a palavra prosódica. **Delta**, São Paulo, v. 20, n. especial, p. 59-70, 2004. Disponível em: <http://www.scielo.br/scielo.php?pid=S0102- -44502004000300006&script=sci_abstract&tlng=pt>. Acesso em: 24 mar. 2010.

BONINI, A. Veículo de comunicação e gênero textual: noções conflitantes. **Delta**, v. 19, n. 1, 2003. Disponível em: <http://www.scielo.br/scielo.php?script=sci_arttext&pid=S0102- -44502003000100003&lng=en&nrm=iso>. Acesso em: 24 mar. 2010.

BOTO, C. Aprender a ler entre cartilhas: civilidade, civilização e civismo pelas lentes do livro didático. **Educação e Pesquisa**, São Paulo, v. 30, n. 3, set./dez. 2004. Disponível em: <http://www.scielo.br/scielo.php?script=sci_arttext&pid=S1517- -97022004000300009&lng=en&nrm=iso>. Acesso em: 24 mar. 2010.

BRASLAVSKY, B. P. La lengua escrita y los procesos de adquisición del conocimiento en una concepción sociohistorico-cultural. **Revista Brasileira de Estudos Pedagógicos**, Brasília, v. 76, p. 305-325, jan./ago. 1995.

BRUNER, J. **Actual Minds, Possible Worlds**. Cambridge: Harvard University Press, 1986.

____. **On Knowing**: Essays for the Left Hand. Cambridge: Harvard University Press, 1964.

____. **The Process of Education**. Cambridge: Harvard University Press, 1960.

BRUNER, J. **Toward a Theory of Instruction**. Cambridge: Harvard University Press, 1966.

BYBEE, J. **Phonology and Language Use**. Cambridge: Cambridge University Press, 2001.

CHOMSKY, N. **Aspects of the Theory of Syntax**. Cambridge: MIT Press, 1965.

____. **Cartesian Linguistics**: a Chapter in the History of Rationalist Thought. Cambridge: MIT Press, 1968a.

CHOMSKY, N. **Language and Mind**. Cambridge: MIT Press, 1968b.

_____. **O conhecimento da língua**: sua natureza, origem e uso. Lisboa: Caminho, 1986.

_____. **Reflections on Language**. Cambridge: MIT Press, 1975.

_____. **Regras e representações**. Rio de Janeiro: Zahar, 1980.

_____. **Syntactic Structures**. Cambridge: MIT Press, 1957.

CHOMSKY, N.; HALLE, M. **The Sound Pattern of English**. Cambridge: MIT Press, 1966.

CORREIA, M. F. B. A constituição social da mente: (re) descobrindo Jerome Bruner e construção de significados. **Estudos de Psicologia**, Natal, v. 8, n. 13, set./dez. 2003. Disponível em: <http://www.scielo.br/scielo.php?script=sci_arttext&pid=S1413-294X2003000300018&lng=en&nrm=iso>. Acesso em: 26 mar. 2010.

COSTA, S. R. (Hiper)textos ciberespaciais: mutações do/no ler-escrever. **Cadernos Cedes**, Campinas, v. 25, n. 65, jan./abr. 2005. Disponível em: <http://www.scielo.br/scielo.php?script=sci_arttext&pid=S0101--32622005000100008&lng=en&nrm=iso>. Acesso em: 26 mar. 2010.

CRUZ, S. H. V. Representação de escola e trajetória escolar. **Psicologia USP**, São Paulo, v. 8, n. 1, 1997. Disponível em: <http://www.scielo.br/scielo.php?script=sci_arttext&pid=S0103--65641997000100006&lng=en&nrm=iso>. Acesso em: 24 mar. 2010.

D'AMBROSIO, U. **O programa etnomatemático**. Disponível em: <www.fe.unb.br/etnomatematica>. Acesso em: 19 mar. 2010.

DESCARTES, R. **O discurso do método**. Rio de Janeiro: Codecri, [S.d.].

FERREIRA, A. B. de H. **Novo dicionário Aurélio da língua portuguesa**. 2. ed. Rio de Janeiro: Nova Fronteira, 1986.

FERREIRO, E.; TEBEROSKY, A. **Psicogênese da Língua Escrita**. Porto Algre: Artmed, 1976.

FODOR, J. **The Modularity of Mind**. Cambridge: MIT Press, 1983.

FREIRE, P. F. **Pedagogia do oprimido**. Rio de Janeiro: Paz e Terra, 1970.

KATO, M. A. Teoria sintática: de uma perspectiva de "ismos" para uma perspectiva de "programas". **Delta**, São Paulo, v. 13, n. 2, ago. 1997. Disponível em: <http://www.scielo.br/scielo.php?script=sci_arttext&pid=S0102-44501997000200005>. Acesso em: 24 mar. 2010.

KOCH, I.; MARCUSCHI, L. A. Processos de referenciação na produção discursiva. **Delta**, São Paulo, v. 14, n. especial, 1998. Disponível em: <http://www.scielo.br/scielo.php?script=sci_arttext&pid=S0102--44501998000300012&lng=en&nrm=iso>. Acesso em: 24 mar. 2010.

LACEY, H. Aspectos cognitivos e sociais das práticas científicas. **Scientiae Studia**, São Paulo, v. 6, n. 1, jan./mar. 2008. Disponível em: <http://www.scielo.br/scielo.php?script=sci_arttext&pid=S1678--31662008000100004&lng=en&nrm=iso>. Acesso em: 29 mar. 2010.

LAMPREIA, C. Linguagem e atividade no desenvolvimento cognitivo: algumas reflexões sobre as contribuições de Vygotsky e Leontiev. **Psicologia: Reflexão e Crítica**, Porto Alegre, v. 12, n. 1, 1999. Disponível em: <http://www.scielo.br/scielo.php?script=sci_arttext&pid=S0102--79721999000100015&lng=en&nrm=iso>. Acesso em: 26 mat. 2010.

LIBÂNEO, J. C. A didática e a aprendizagem do pensar e do aprender: a teoria histórico-cultural da atividade e a contribuição de Vasili Davydov. **Revista Brasileira de Educação**, Rio de Janeiro, n. 27, set./out./nov./dez. 2004. Disponível em: <http://www.scielo.br/scielo.php?script=sci_arttext&pid=S1413--24782004000300002&lng=en&nrm=iso>. Acesso em: 26 mar. 2010.

LOPES, P. C. **Estados de escrita**: contribuições à formação de professores alfabetizadores em EJA. 2010. Tese (Doutorado em Educação) – Universidade do Estado do Rio de Janeiro, Rio de Janeiro, 2010.

MARTINS, C. A indeterminação do significado nos estudos sociopragmáticos: divergências teórico-metodológicas. **Delta**, São Paulo, v. 18, n. 1, 2002. Disponível em: <http://www.scielo.br/scielo.php?script=sci_arttext&pid=S0102--44502002000100004&lng=en&nrm=iso>. Acesso em: 24 mar. 2010.

MASINI, E. F. S. A experiência perceptiva é o solo do conhecimento de pessoas com e sem deficiências sensoriais. **Psicologia em Estudo**, Maringá,

MEIRELLES, V.; SPINILLO, A. Uma análise da coesão textual e da estrutura narrativa em textos escritos por adolescentes surdos. **Estudos de Psicologia**, Natal, v. 9, n. 1, jan./abr. 2004. Disponível em: <http://www.scielo.br/scielo.php?script=sci_arttext&pid=S1413--294X2004000100015&lng=en&nrm=iso>. Acesso em: 24 mar. 2010.

MOTA, S. B. V. da. A gramatologia, uma ruptura nos estudos sobre a escrita. **Delta**, São Paulo, v. 13, n. 2, ago. 1997. Disponível em: <http://www.scielo.br/scielo.php?script=sci_arttext&pid=S0102--44501997000200006&lng=en&nrm=iso>. Acesso em: 22 mar. 2010.

OLIVEIRA, C. I. de; OLIVEIRA-CASTRO, J. M. Problemas conceituais da doutrina intelectualista: implicações para algumas explicações cognitivistas. **Psicologia: Reflexão e Crítica**, Porto Alegre, v. 16, n. 1, 2003. Disponível em: <http://www.scielo.br/scielo.php?script=sci_arttext&pid=S0102--79722003000100017&lng=en&nrm=iso>. Acesso em: 29 mar. 2010.

PIAGET, J. **A construção do real na criança**. 2. ed. Rio de Janeiro: J. Zahar, 1970.

____. **A epistemologia genética**. Petrópolis: Vozes, 1971a.

____. **A formação do símbolo na criança**: imitação, jogo e sonho, imagem e representação. Rio de Janeiro: J. Zahar, 1971b.

____. **A linguagem e o pensamento da criança**. Rio de Janeiro: Fundo de Cultura, 1959.

PIATELLI-PALMARINI, M. **Teorias da linguagem, teorias da aprendizagem**: o debate entre Jean Piaget e Noam Chomsky. São Paulo: Cultrix, 1983.

SANTANA, S. de M.; ROAZZI, A.; DIAS, M. G. B. B. Paradigmas do desenvolvimento cognitivo: uma breve retrospectiva. **Estudos de Psicologia**, Natal, v. 11, n. 1, jan./abr. 2006. Disponível em: <http://www.scielo.br/scielo.php?script=sci_arttext&pid=S1413294X2006000100009&lng=en&nrm=iso>. Acesso em: 26 mar. 2010.

SAUSSURE, F. **Curso de lingüística general**. 24 ed. Buenos Aires: Editorial Lousada, 1945. Disponível em: <http://www.liccom.edu.uy/bedelia/cursos/semiotica/textos/saussure_linguistica.pdf>. Acesso em: 19 mar. 2010.

SAUSSURE, F. **Curso de linguística geral**. São Paulo: Cultrix, 1926.

SEMINERIO, F. L. P. Inteligência como constructo e como processo: sumário das pesquisas ao longo do tempo. **Paidéia (Ribeirão Preto)**, v. 12, n. 23, 2002. Disponível em: <http://www.scielo.br/scielo.php?script=sci_arttext&pid=S0103863X2002000200012&lng=en&nrm=iso>. Acesso em: 29 mar. 2010.

SENNA, L. A. G. A heterogeneidade de fatores envolvidos na aprendizagem: uma visão multidisciplinar. **Revista Sinpro**, Rio de Janeiro, v. 6, p. 9-17, 2004a. Disponível em: <http://www.senna.pro.br/biblioteca/senna_sinprorj_2004.pdf>. Acesso em: 29 mar. 2010.

_____. Aspectos cognitivos e culturais do processo de leiturização na escola fundamental. **Trabalhos em Linguística Aplicada**, Campinas, v. 33, p. 23-41, jan./jun. 1999. Disponível em: <http://www.senna.pro.br/biblioteca/linguagem.htm2000>. Acesso em: 29 mar. 2010.

_____. Categorias e sistemas metafóricos: um estudo sobre a pesquisa etnográfica. **Educação em Foco**, Juiz de Fora, v. 11, n. 1, p.169-188, mar./ago. 2006. Disponível em: <www.senna.pro.br/biblioteca/categorias_etnografia.pdf>. Acesso em: 10 mar. 2010.

SENNA, L. A. G. De Vygotsky a Morin: entre dois fundamentos da educação inclusiva. **Espaço**: informativo técnico-científico do Ines, Rio de Janeiro, v. 22, p. 53-58, jul./dez. 2004b.

SENNA, L. A. G. Erro produtivo e segregação cultural: a descrição de estados de desenvolvimento proximal na alfabetização contemporânea. In: SENNA, L. A. G. (Org.). **Letramento**: princípios e processos. Curitiba: Ibpex, 2007a. p. 217-242.

_____. Estudos sobre o processo de leitura na educação a distância. In: SENNA, L. A. G. (Org.). **Letramento**: princípios e processos. Curitiba: Ibpex, 2007b. p. 287-310.

_____. Formação docente e educação inclusiva. **Cadernos de Pesquisa**, São Paulo, v. 38, n. 133, p. 195-219, jan./abr. 2008.

_____. Linguagem e aprendizagem: do mito ao sujeito cognoscente. Disponível em: <http://www.senna.pro.br/biblioteca/abenep2000.pdf>. Acesso em: 23 mar. 2010.

_____. O conceito de letramento e a teoria da gramática: uma vinculação necessária para o diálogo entre as ciências da linguagem e a educação. **Delta**, São Paulo, v. 23, n. 1, p. 45-70, 2007c. Disponível em: <http://www.scielo.br/scielo.php?script=sci_

arttext&pid=S0102--44502007000100003&lng=en&nrm=iso>. Acesso em: 22 mar. 2010.

_____. O currículo na escola básica: caminhos para a formação da cidadania. Rio de Janeiro: Dunya, 1997.

_____. O perfil do leitor contemporâneo. In: SEMINÁRIO INTERNACIONAL DE EDUCAÇÃO, 1., set. 2001, Cianorte. **Anais**... Cianorte: Univeridade Estadual de Maringá, 2001. p. 2286-2289. Disponível em: <http://www.senna.pro.br/biblioteca/perfilleitor_new.pdf>. Acesso em: 26 mar. 2010.

SENNA, L. A. G. O planejamento no ensino básico e o compromisso social da educação com o letramento. **Educação & Linguagem**, São José dos Campos, v. 7, p. 200-216, 2003.

_____. Psicogênese da língua escrita, universais linguísticos e teorias de alfabetização. **Alfa**, São Paulo, n. 39, p. 221-241, 1995. Disponível em: <http://www.senna.pro.br/biblioteca/alfa95.pdf>. Acesso em: 26 mar. 2010.

_____. Reflexões sobre mídias e letramento. In: OLIVEIRA, I.; ALVES, N.; BARRETO, R. G. (Org.). **Pesquisa em educação**: métodos, temas e linguagens. Rio de Janeiro: DP&A, 2005. p. 161-174. (Coleção Metodologia e Pesquisa no Cotidiano, v. 1).

_____. et al. Helena Antipoff (1892-1974): une femme en avance sur son temps, pionnère de l´Éducation Spéciale. In: HOUSSAYE, J. (Org.). **Femmes pédagogues**: du XXe. au XXIe. siècle. Paris: Éditions Fabert, 2009. p. 419-454. (Pédagogues du Monde Entier, tome 2).

_____.; PORTES, L. A. F. Por um construtivismo à brasileira: questões complementares sobre o sujeito da psicogênese. In: SENNA, L. A. G. (Org.). **Letramento**: princípios e processos. Curitiba: Ibpex, 2007. p. 195-216.

SILVA, T. C. **Fonética e fonologia do português**: roteiro de estudos e guia de exercícios. São Paulo: Contexto, 2007.

SIMÕES, V. L. Histórias infantis e aquisição da escrita. **São Paulo em Perspectiva**, v. 14, n. 1, jan./mar. 2000. Disponível em: <http://www.scielo.br/scielo.php?script=sci_arttext&pid=S0102--88392000000100004&lng=en&nrm=iso>. Acesso em: 24 mar. 2010.

SOARES, M. Letramento e alfabetização: as múltiplas facetas. **Revista Brasileira de Educação**, Rio de Janeiro, n. 25, jan./abr. 2004.

Disponível em: <http://www.scielo.br/scielo.php?script=sci_arttext&pid=S1413-24782004000100002&lng=en&nrm=iso>. Acesso em: 26 mar. 2010.

STRECK, D. R. Da pedagogia do oprimido às pedagogias da exclusão: um breve balanço crítico. **Educação & Sociedade**, Campinas, v. 30, n. 107, maio/ago. 2009. Disponível em: <http://www.scielo.br/scielo.php?script=sci_arttext&pid=S0101-33022009000200012&lng=en&nrm=iso>. Acesso em: 24 mar. 2010.

TONIETTO, L. et al. Aquisição inicial do léxico verbal e aproximações semânticas em português. **Psicologia: Reflexão e Crítica**, Porto Alegre, v. 20, n. 1, 2007. Disponível em: <http://www.scielo.br/scielo.php?script=sci_arttext&pid=S0102-79722007000100015&lng=en&nrm=iso>. Acesso em: 23 mar. 2010.

VERÍSSIMO, D. S.; ANDRADE, A. dos S. Estudo das representações sociais de professores de 1ª a 4ª série do ensino fundamental sobre a motivação dos alunos e o papel do erro na aprendizagem. **Paidéia**, Ribeirão Preto, v. 11, n. 21, 2001. Disponível em: <http://www.scielo.br/scielo.php?script=sci_arttext&pid=S0103-863 X2001000200009&lng=en&nrm=iso>. Acesso em: 26 mar. 2010.

VYGOTSKY, L. **A formação social da mente**. São Paulo: M. Fontes, 1999.

VYGOTSKY, L. **Pensamento e linguagem**. São Paulo: M. Fontes, 1987.

_____. **Psicologia da arte**. São Paulo: M. Fontes, 2001.

WITTGENSTEIN, L. **Gramática filosófica**. São Paulo: Edições Loyola, 2003.

Nota sobre os autores

Elena Godoy nasceu em Leningrado, União Soviética, regiões que correspondem hoje a São Petersburgo e Rússia, respectivamente. Formou-se em Línguas Estrangeiras pela Universidade Pedagógica Estatal de São Petersburgo. Trabalhou como tradutora e intérprete na Rússia, em Cuba e Moçambique. Concluiu o mestrado na Universidade Federal do Paraná (UFPR), pesquisando sintaxe e semântica, e o doutorado na Universidade de Campinas (Unicamp), investigando a semântica do aspecto verbal. Nesta mesma instituição, fez o pós-doutorado, em que trabalhou com a pragmática intercultural. É professora do Departamento de Letras Estrangeiras Modernas (Delem) da UFPR e líder do Grupo de Estudos Linguagem e Cultura.

Luiz Antonio Gomes Senna é doutor em Linguística Aplicada pela Pontifícia Universidade Católica do Rio de Janeiro (PUC-Rio), tendo se especializado ao longo de sua carreira no estudo dos problemas teórico-descritivos relacionados à representação mental do processo de letramento.

Na condição de professor adjunto da Faculdade de Educação da Universidade do Estado do Rio de Janeiro (Uerj), atua como docente e pesquisador do Programa de Pós-Graduação em Educação e é líder do Grupo de Pesquisa Linguagem, Cognição Humana e Educação Inclusiva.

Impressão: Reproset
Junho/2023